幼児保育

子どもが主体的に遊ぶために

吉本和子
YOSHIMOTO●KAZUKO

エイデル研究所

空間見取図例 ①
異年齢混合クラス（保育園）

3歳：男8名、女3名　4歳：男3名、女7名　5歳：男0名、女4名　合計25名　（兵庫県宝塚市　やまぼうし保育園）

①台所　②世話　③構成（構造）　④机　⑤休息・絵本　■：撮影方向

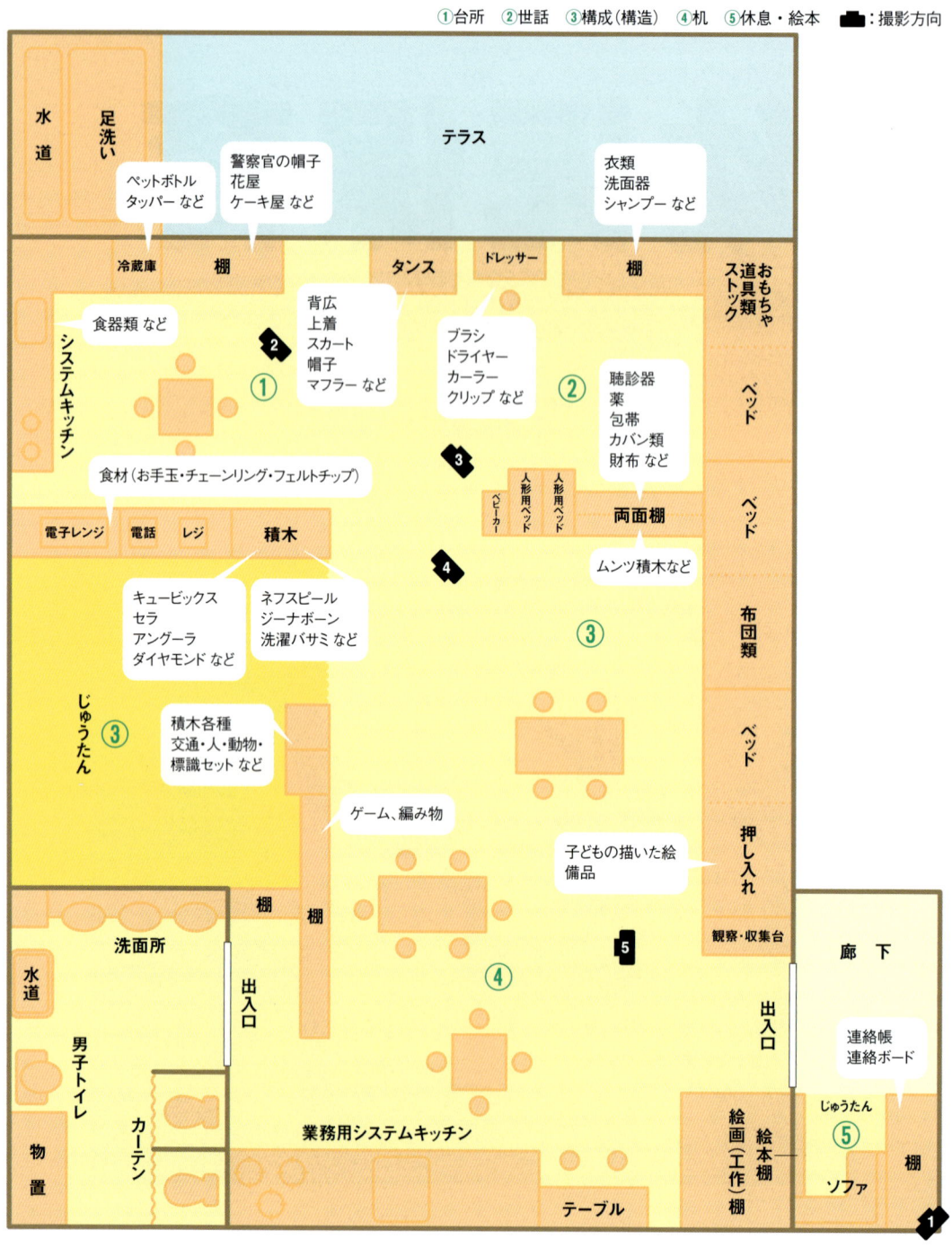

全体の空間構成

台所遊びの空間

食材となる道具のある棚

構成（構造）遊びの空間

机の遊びの空間

空間見取図例 ②
異年齢混合クラス（保育園）

3歳：男6名、女5名　4歳：男5名、女5名　5歳：男4名、女5名　合計30名　（兵庫県尼崎市　久々知おもと保育園）

❶台所　❷世話　❸構成（構造）　❹机　❺休息・絵本　■：撮影方向

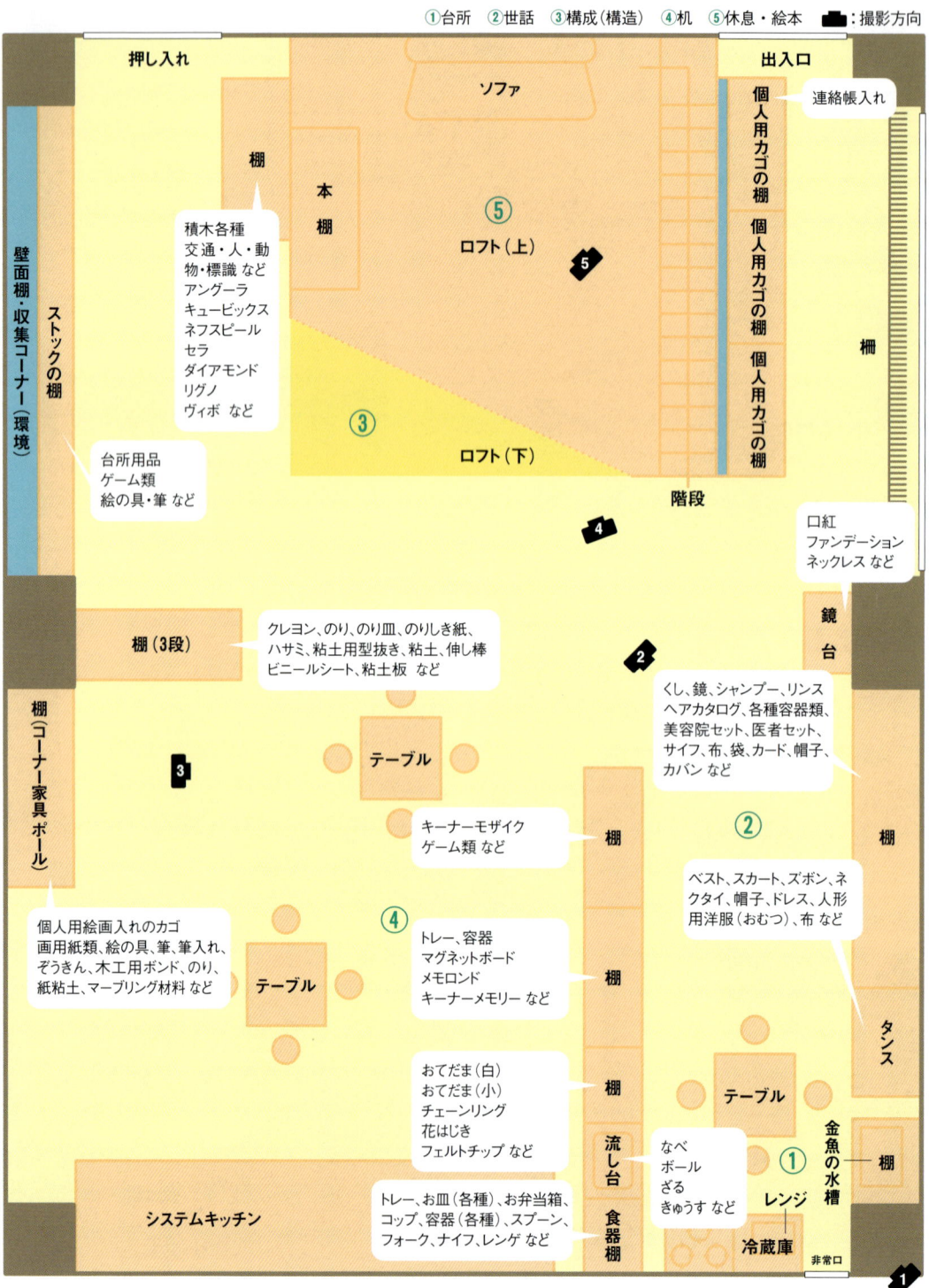

全体の空間構成（中央ロフト前は子どもの構造物）

世話遊びの空間

机の遊びの空間

ロフト下に船の居住空間をつくっての遊び

休息・絵本の空間（ロフト上）

構成（構造）遊び

宇宙の街につくられたロケット発射台

グループでつくる

室内でも砂遊び

お城をつくる

ロフト構造を利用した船づくり

室内にひろがる積木遊び

操作・練習遊び

アングーラにキーナーモザイクを組み合わせて

モザイク（左）とフロリーナ（右）で遊ぶ

役割遊び

ケーキ屋さん

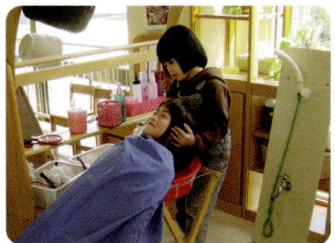

郵便屋さん

美容師さん

昆虫館ごっこ

水をとりいれた遊び

病院ごっこ

ルールのある遊び

色いろおふとんで遊ぶ

きのこさがしで遊ぶ

メモロンドで遊ぶ

絵画・工作遊び

絵で心を表す

粘土遊び

戸外遊び

遊具を使って体を大きく動かす

園庭を広く使っての遊び

絵本・おはなし、わらべうた

絵本の読み聞かせ

わらべうたをうたう

幼児保育－子どもが主体的に遊ぶために［目次］

空間見取図例 ①② ———————————— II - V
さまざまな子どもの遊び ———————————— VI - VIII

第1部 乳児保育と幼児保育　　3

個人としての子どもから集団の中の子どもへ　　4

第2部 子どもが主体的に遊ぶための環境づくり　　11

子どもが遊ぶための「空間」「時間」「道具」の整備　　12

空間見取図例 ③〜⑧ ———————————— 26 - 37

第3部 さまざまな子どもの遊び　　39

1. 操作・練習遊び　　41
2. 構成（構造）遊び　　45

宇宙の街づくり ———— 48
絵本の世界を再現する — 51
温泉旅行 ———————— 52
姫路の街づくり ———— 54
クリスマスの城下町 —— 56
大阪城づくり ———— 58
室内に砂をとりいれる — 60

神社づくりと初詣 ———— 62
水族園と海遊館づくり —— 64
牧場づくり ———————— 67
船づくりから航海へ ———— 68
かまくらづくり ———— 71
三重の塔づくり ———— 72
さまざまな積木遊び —— 74

3. 役割遊び　　　　　　　　　　　　　　　　76

病院ごっこ ——— 77	水をとりいれた遊び —— 88
ケーキ屋さん ——— 80	衣装屋さん ——— 90
昆虫館ごっこ ——— 82	美容師さん ——— 92
郵便屋さん ——— 84	妊婦さん ——— 94
おまわりさん ——— 86	絵描きさん ——— 96

4. ルールのある遊び　　　　　　　　　　　97
5. 絵画・工作　　　　　　　　　　　　　103
6. 戸外の遊び　　　　　　　　　　　　　105
7. 絵本・おはなし、わらべうた　　　　　108
8. 乳幼児期の遊びの種類と発達　　　　　112

第4部　子どもが主体的に遊ぶための　　115
　　　　保育者の援助

子どもの遊びが発展するための保育者の援助　　116
子どもの遊びに保育者も見通しをもてる　　124
　－援助のための計画表づくり

遊び年間計画例 ①〜⑤ ——————— 126 - 135

生活の流れをつくる日課　　　　　　　　136
　－子どもに見通しがつくように

異年齢混合保育と年齢別保育　　　　　　140
保育者が悩む子どもたち　　　　　　　　143

最後に　　　　　　　　　　　　　　　　152

第1部
乳児保育と幼児保育

個人としての子どもから
集団の中の子どもへ

どんな子どもとして育っていってほしいか

　私たちが行っている子育ては、小学校に上がるまでの間という短い発想のなかだけのものではありません。子どもは、生まれてからすぐに家庭という最小の集団に受け入れられ、幼稚園や保育園に行き、小学校、中学校、高校、大学、そして実社会へと、社会のそれぞれの段階に、適応しながら育っていきます。私は、小学校に上がるまでの準備段階としてだけの保育ではなく、0歳から大人までずっと流れる育ちを見据えての保育をしたいと思っています。そして、育ちの段階が大人にまでつながっていくことをふまえ、子どもにはどんなふうに育っていってほしいのか、どんな大人になっていてほしいのかという願いを持つことがとても保育者にとって大切になってくると思います。

　この保育者の最大の願いとは、大人になり自分で生きていけるようになる、そのために社会へ適応していく、つまりは人格を形成することではないでしょうか。このことを実現するために、私たち保育者はできるかぎりのことをしてあげたいと思っているはずです。

　子どもの育ちの過程の一段階、スタート地点として、乳幼児期の育ちがあります。自分で考え、自分で判断して、自分で問題解決できる、そして自分で責任をもつことができるためには、そのスタート地点での乳幼児期の育ちもまたそのようになっていなければなりません。ずっと大人になるまでつながっている育ちの、重要な第一歩だと位置づけています。

乳児期の保育の大切さ

　大人まで育ちはずっとつながっているという考えから、私は幼児期の育ちの部分だけに注目しないようにしようと思っています。これは拙著『乳児保育――一人ひとりが大切に育てられるために』でも繰り返し述べました。大人になることを考えて幼児期のことを考えるのと同様に、幼児のことを考えるときは、その前段階である乳児のことも考えなければいけません。乳児の育ちはそのまま幼児の育ちにつながっていきますし、このことを前提として幼児の育ちを考えないとうまくいきません。乳児の時に、一人ひとりが大切にされ、その発達に合わせて丁寧に育児された子どもはどう育つのか。幼児の保育はそこからの出発であると理解することが大切です。

乳児期の自立

　乳児期の育ちの課題は、「生活習慣の形成」「知的な発達」「感情の発達」「言語的な発達」「身体的・運動的発達」と大きく分けて考えることができます。これらの発達は、幼児期の段階においても、人格形成の過程としてそのまま継続されます。

　では、乳児期に丁寧に育てられた子どもはどのように育つのでしょう。

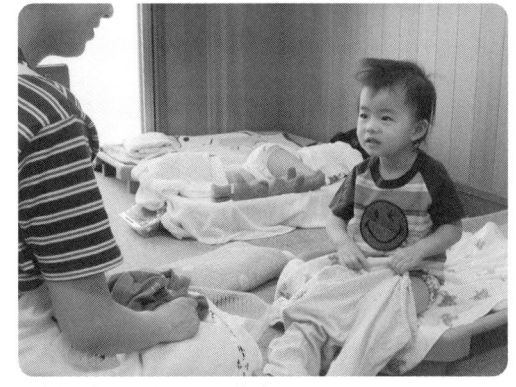

保育者の援助を受けながら着脱が1人でできるようになる

　細かく例をあげると、生活習慣の面では食事はこぼさずに食べることができます。手洗いなどの衛生習慣も身につきます。睡眠、着脱、排泄の行為も大人に言われなくても自分でできるようになります。集団生活も意識できるようになり、使ったおもちゃを元に戻すこともできますし、遊んでいる時に自分が使いたいおもちゃは「かして」、「ありがとう」と言えるようになります。要するに、自分に関することについて自立できるようになるのです。

乳児期から幼児期へ

　そして、幼児段階では、それらの行為がより深まり、他人を意識した行為へと発展していきます。たとえば、園の生活で保育者を手伝ってくれるようになります。食事の面でいえば、自分の食事についてだけでなく、他人の食事の準備や後片付けを手伝ったりするようになります。排泄についても、ただ単に水を流すということだけでなく、他の人も気持ちよく使えるようにという配慮もできるようになります。着脱についても、自分で着るということから、身だしなみを整えるというところまで気をくばることができます。仲間関係の意識もどんどん発達して、小さい子や困っている子に必要な手助けができるようになります。

　つまり、仲間、集団、社会などへの溶け込みを見せ始めるのは幼児段階からといえます。だからこそ、「1人でできるよ」「もうできるよ」という大切な基本段階が乳児期に発達しているかどうかが大切になってくるのです。次に乳児期にどんなことについて自立してほしいか、そして幼児期の3年間で身につけたい集団生活と仲間関係の習慣を以下に簡単に分けてまとめてみました。

■ 乳　児

・こぼさず自分で食事できる。
・行きたい時にトイレに行くことができる。
・鼻汁が出たらかむ。
・着脱が1人でできる。
・自分の持ち物（手拭きタオル・靴・帽子・着替え類・コップ・連絡帳）の所定の位置がわかる。

■ 年　少

・自分の持ち物（手拭きタオル・靴・帽子・着替え類・コップ・連絡帳）が所定の場所における。
・大人とあいさつの受け答えができる。
・うがい・排便・洗顔できる。
・髪をとく、眼やにの後始末ができる。

■ 年　中

・保育者や園で働いている人にあいさつができる。
・人の遊びを尊重し、自分の使いたい道具を借りる時、「かして」と言ったり、使っている人が終わるまで待つことができる。
・遊び・着脱・散歩の時、年下の子どもを助け、お互いに相手に関心を持ち、お互いの言うことを聞き合う。
・園で働いている人たちを尊敬し、その仕事に関心を示そうとする。
・保育者が何か始めようとしたら注目し、保育者の提案に従うことができる。
・仲間や他の人の発言を尊重し、中断せず終わりまで聞くことができる。
・清潔に関心を持ち、手洗い、うがい、洗顔、髪をとく、服装を整えようとする。

■ 年　長

・自分の持ち物、自分の位置、場所がわかり、常に自立して行動することができる。
・名前を呼ばれたら明瞭な返事ができ、保育者の質問に答えたり、自分の考えや思いを発言したりすることができる。
・お互いが必要な時に助け合い、自分の意見を言ったり、相手の言っていることも聞こうとする気持ちをもつ。
・自分のふるまいや行動が、クラスまたは他の子どもに与える影響を考慮に入れられるようになる。
・クラス全員の名前がわかり、他のクラスの友だちの名前が何人かわかり、園で働いている大人の名前が全部わかる。
・来園者にあいさつができ、親しみをもって受け入れることができる。
・身だしなみを整えたり清潔にすることの必要性を理解し、自らすすんで行う。
・友だち（仲間）が助けを必要としているかどうか、またそのような子どもがいれば何をどのように助けたらよいかがわかる。

社会になじむための練習のはじまり

子どもが幼児に上がってくる2歳の後半ぐらいから、周りの大人やお母さんの模倣をするようになります。これは、乳児期に子どもが社会に一歩ずつ慣れていくための自分づくりの準備、つまり社会（家族、友だち、他人）に、よりなじんでいくための練習を始めたのだといえます。

たとえば、小学校に上がって学校という社会に適応し、友だちをつくるためには、集団の中で使ったものをきちんと元に戻せる集団生活の習慣や、「おはよう」「ありがとう」「かしてくれる？」「ねえ、手伝って」と言えるなど、仲間関係の習慣がしっかりと身についている必要があります。乳児期から育ってきたこのような習慣の上に、さらにいろいろな社会の機能を分かり、その練習をするのが幼児期なのです。

人形を看病する－お母さんの模倣遊び

小学校の学年が上がって自分から学習をすすめていかなければならない時期が来たときに、自分で学校の授業や行事に参加する、興味をもつ、集中して行う、持続していくなどの力や気持ちは、やはり保育園や幼稚園の遊びの中でそういう体験をたくさんしていないと育ちません。人の話を最後まで聞くためには人の声に注目できる耳を持つ、そして「待つ」という力も備わっていなければならないのです。

基本は乳児期の育ちにある

これらの基本は乳児期の育ちであって、乳児のときに自分のごはんの順番をきちんと見通しをもって待つ経験などを積み重ねていれば、幼児になってから身につけることにそれほど苦労はありません。それは身体の機能的な面でも同じことがいえます。乳児のときにさまざまな素材のものを手で触ったり、転がしたり、入れたり出したり、目と手の協応で

紐通しをしたり、並べたりといったいろいろな種類の遊びを経験していることが幼児になって活かされています。子どもが人形の服を着せてあげたり、脱がせてあげたり、針を使ったり、織機が使えるということにつながっていくわけです。その機能が発達し、器用になっていく延長線上には、縫い物や編み物ができる子がいるかもしれないし、織機で素晴らしいマフラーを織れる子がいるかもしれません。

　子どもの自己の確立が保障される保育実践を深めるには、乳児期の「一人ひとりが大切にされる」「主体的に自分のことができるようになる」保育が必要不可欠だと私は考えています。

子どもの社会化を助ける

　子どもの育ちを一つのつながりとして見据えながら、幼児期の発達目標、発達課題を考えたいと思います。

　0～1歳児のころは自分だけ、もしくはお母さん・保育者対自分の2人だけの世界です。2歳ぐらいになると他のお友だちのことが少し気になるようになり、母親や保育者も子どもが友だちと一緒に遊べるようになってほしい、友だちのやっていることに興味をもってほしいと願うようになります。これは、人と積極的に関わる関係をつくること、すなわち自分とまわりの環境との間に良い関係をつくってほしい、「人、社会、道具」に関して適応できる能力を育ててあげたい、「社会性」を持ってもらいたいという願いともいえます。

　社会をちがう角度からみると、「集団」というとらえ方があります。ここでいう子どもたちに育ってほしい「集団」とは、子どもたちがただ塊となっている状態ではなく、乳児の間に丁寧に育児をされた結果、しっかりとした身体像や「自分は自分なのだ」という自己認識ができている子どもが集まって、お互いにつながりを持ち、仲間関係をつくっている、という意味でとらえてほしいと思います。そういう集団性のある子どもに育ってほしいのです。

隣の子どもと同じ遊びをする

第1部　乳児保育と幼児保育

3歳児の遊びの光景を思い浮かべてみてください。他の子どもと関係をもって遊べる遊びはだいたい2人ぐらいまでで、普通は一緒に遊んでいるように見えるけれどもそこには関係性がなく、隣の子どもと同じ遊びをしているだけという「並行遊び」です。それが3歳児の特徴です。しかし、幼児期の課題はそこから集団をどうつくっていくか、仲間関係をどう発達させていくかであり、そのような子どもの社会化を助けていくことが保育者の一番大きな役割なのです。

　乳児の段階の「自分でする、自分で食べる、自分で排泄する」という育ちの保障から、今度は集団のなかで、自発的・主体的に、「何を、これで、誰とやりたい」と決定していくプロセスを子ども自身が持てること、それを保育者は保障していかなくてはならないのです。

　そのためには「これを使ってこうしなさい」と保育者が言うのではなく、いくつかの中から子どもが選んで決めるという自己決定につながる部分を大前提としながら、園や部屋での1日を子どもに過ごさせなければならないのです。

第2部
子どもが主体的に遊ぶための環境づくり

子どもが遊ぶための「空間」「時間」「道具」の整備

遊びを通して子どもは育つ

　乳児期の育児の中で、生活習慣と遊びの二つを通して自立が促されるように保育者は援助してきました。一人ひとりの子どもの発達にあった道具が保育者によって用意され、その道具で遊び、子どもが自分で発達してきた経過があります。
　遊びは子どもの成長の場であり、子どもを発達させる手段であるといわれています。また、子どもが誰からも束縛されないでいる自然な姿というのは、遊んでいる姿です。子どもにとって遊びとは、

①子どもの自然な生き方のあらわれである。
②子どもは動くことそのものに喜びを感じる。
③子どもは創造することに喜びを感じる。
④子どもはまわりの大人などの動き、役を模倣することに喜びを感じる。
⑤子どもは、経験したことを行為することに喜びを感じる。
⑥子どもは体験、経験したことを仲間と行為することに喜びを感じる。

ということを私は発達心理学から学びました。実際に、子どもたちの遊んでいる姿を見ていると本当にそうだなと思います。

子どもが子どものままでいられるというのが遊びであり、そこには喜びと自発性があります。子どもの発達を考えるとき、この遊びを出発点として考えなくてはなりません。遊びによって子どもの人格はつくられていきますし、そして人格がつくられていくなかで遊びも発達していくのです。

　つまり、子どもたちにとって遊びの体験が学びの体験であり、したがって、より多くの遊び体験を積んでいってもらうことが大切なのです。

子どもが決めることができる

　遊びを通して幼児の発達を考える時、

①自立して（主体的に）遊んでほしい。
②能動的に遊んでほしい。
③場面に応じてリーダーシップのとれる子どもになってほしい。

などと保育者は願っているものです。この三つが子どもの中に確保されることによって、創造的な子どもに育っていくと私は信じています。なぜなら、このことは学校や社会に入っていっても求められるものだからです。大切なのは、子どもはこのようなことを遊びの中で経験を積みながら体験していくのだということです。

　子どもの遊びは、子どもの喜びと自発性、つまり主体性が大切にされたものでなくてはなりません。私は、一人ひとりの子どもがそれぞれの発達に合わせて遊び体験を積み重ねていくために、保育園にくるすべての子どもが自分の体験を再現して遊べる環境を用意する必要があると思っています。これはつまり、子どもが園にきてその１日を過ごす時、子どもたちはどんな遊びをしてもいいということです。それが一人ひとりが大切にされている（すべての子どもが大切にされている）環境だといえます。加えて、用意された環境の中で、子どもは自由であると感じることも重要です。「何を、誰と、どの場所で、どんなふうに、どのくらい遊んでも」良い。みんなと同じ事をするのではなく、自分のやりたい遊びをしても良いということを、子どもが知っていることが大切です。週末の体験を友だちと遊びにしてもいいし、１人で何かをつくって遊んでもいい。大人から「……で遊ぶ？」と

提案されて、受け入れて遊ぶこともできるし、また「No」と言ってちがう遊びをすることもできる。そのことを、子どもが知っていること、感じていることが大切だと思っています。遊びのなかで、自分で選ぶという行為の積み重ねから、自立、自己の確立が促され、主体的に遊べる子どもへと成長していくのです。そして、自分が主体的に遊べるということは、他の人の主体性も邪魔しないということにつながっていくことを忘れてはいけません。

アングーラにキーナーモザイクを組み合わせて

子どもが主体的に遊ぶ環境づくり

　このようなことを、子どもに保障するためには、何もないところではではできませんし、また、大人からの一方的な遊びを指示されても子どもは喜びを得ることはできません。子どもが子どもでいるために、子どもが「こんなことして遊ぼう」とひらめいて遊び始められるように、保育者は遊びの環境を整えなくてはなりません。

　子どもが遊ぶためには「場所」「時間」「モノ（道具）」の三つが必要であるといわれています。「場所」は園であり、クラスであり、遊ぶための場所です。次に十分な「時間」がないと子どもは遊ぶことができません。そして、さらに場所、時間に加えて「モノ（道具）」がないと遊ぶことができないといわれています。「場所」「時間」「モノ（道具）」の三つは、遊びの基本的条件なのです。

　では、この三つさえ用意すれば万全かというと、そうではありません。この三つの条件を、うまく組み合わせて遊びを発展させていくために、大人＝保育者の存在が必要になってくるのです。どのような時間配分で、どのような空間構成で、そしてどのような道具を揃えていくかはもちろんのこと、進行する遊びにどのような援助、配慮をすれば遊びがより発達していくのか、こういったことまで考慮できる保育者の存在がなければ、子どもの遊びは発展していきません。保育者の援助については、後の章で詳しく説明したいと思います。

遊びの場所、空間の構成

　ひらめく遊びの場所、空間をつくることは私たち保育者の最初の仕事といえます。広さに制限のある保育室を、どのような遊びの空間にしていくかということが、子どもが主体的に遊ぶことのできる環境につながっていくのです。さて、その環境づくりはどのようにしていけばいいのでしょうか。

　私は、部屋の遊びの空間を大きくとらえて、「台所の環境」、「世話をする環境」、「構成(構造)の環境」を基本的な遊びの空間として考えています。なぜ、これらの遊びの空間が基本となるのかというと、この三つの遊びの空間では、すべての子どもが生まれてから園に来るまでの間に体験していることを、すぐに再現することができるからです。

　子どもの遊びは模倣する、再現するということが起点となっています。乳児期の3年間の体験を遊びのなかで再現することから、幼児期の遊びの世界はひろがっていきます。いつでも誰でもぱっとひらめくことができるのが、この三つの基本の遊びの空間です。これら以外にも用意してあげたい遊びの空間を含めて、遊びの空間構成を一つひとつみていきましょう。

●台所と世話の遊びの空間

　ほとんどの子どもは台所でお母さんに食事をつくってもらい、おいしいご飯を食べて育ってきています。食事をつくるお母さんの姿を見て子どもは育っています。そして食事だけでなく、お風呂にいれてもらったり、着替えを手伝ってもらったりと、いろいろなことを親に世話してもらいながら育ってきています。台所の空間と世話遊びの空間では、そのことをすぐに再現して遊ぶことができるのです。

台所の遊び空間例

　乳児の2歳のクラスで、よくお母さんの模倣をして人形に世話をする遊びをするのが見られますが、これは自分が大切にしてもらった体験を模倣することで再現しているといえます。この遊びでは、次の段階になるとお母さん以外の人たちが出てきて、家族との関係を再現し始

めます。子どもたちは、台所と世話の遊びの空間を中心に自分たちの家を再現しながら、さらにその家から出て、保育園の保育者たち、バスに乗ったときの運転手さん、レストランに行ったときのウェイトレスさんなど、遊びのなかで役割を増やしていくことで社会を体験していくことになります。

世話の遊び空間例

　台所と世話の遊びの空間の他にもいろいろなことを再現できる空間はたくさんあると思います。ただ、「子どもが大切にされる保育空間、遊びの空間」を考えたとき、すべての子どもにとって共通する喜びの体験を、すぐに再現できる空間が台所と世話の遊びの空間だと思います。この二つの空間をつなげたときに連想される「家」が、子どもたちの体験の基礎となっているからです。

●構成（構造）の遊びの空間

　構成（構造）の遊びの空間とは、主に積木遊びの空間のことです。何かをつくる、構築する遊びの空間です。子どもの遊びは再現することから始まるといいましたが、構築するということについても同じです。子どもは生まれてから、立体のなかで生活しています。幼児期を迎える頃には、家の中だけでなく、さまざまな場所に訪れていろいろな立体物に触れる体験を重ねてきています。

構成（構造）遊び空間例

構成（構造）、つくるということができる遊びの空間を提供することによって、子どもは積木や他のモノをつかってそれを再現して遊び始めます。

●机の遊びの空間

　次に、いま挙げた、基本的な遊びの空間に加えて、机をおいた遊びの空間づくりが必要になってきます。紐通しなど子どもがやっている行為そのものが遊びとなるような操作・練習

の遊びや、ゲーム類などのルールのある遊びなどは机の上でする場合が多いようです。そのように座って集中して取り組む遊びのために机などを用意します。机の上は、何かをつくったりといった構成（構造）の遊び以外に、他の遊び（台所などでの役割）に必要なものをつくったりもします。

机の遊び空間例

　もちろん床の上で遊んでもまったく問題ないのですが、わざわざ机をおいて遊びの空間をつくる理由は、机の上の方がより細かい遊びに集中することができるからです。また、二つ机があれば、絵を描いたり粘土で遊んだりといった汚れてしまう遊びと、前述した遊びに区分けすることもできます。同じ場所でない方が、他の人も気持ちよく遊べます。

●フリースペース

　その他に、いろんな遊びに使える空間（フリースペース）を用意します。机の上での遊びを続けていると、子どもたちは身体を動かしたいという欲求を持ちます。そんな時に、この何でも使える空間でわらべうたをやったり、絵本を読んでもらったりします。

　また、フリースペースは他の遊びがひろがっていくための予備スペースともなります。たとえば台所の空間でレストランの遊びが始まったときに、お客さんのために料理を出す場所としてテーブルを置いてお店にしたりもできます。遊びの流れで、そこに病院ができるときもあります。

●休息の空間

　遊びの空間に必ず用意しなくてはいけないのが、休息の空間です。子どもは遊びが大好きですが、そのときの気分や体調などによっては、何もやりたくないとか、今は1人でいたいという時があるかもしれません。次に何かをやろうという準備期間をもつためにも、子どもが休息できる空間を用意する必要があります。家庭で子どもが一番落ち着ける場所としては、たとえばやわらかいソファが挙げられるでしょう。いくら掃除が行き届いた園であっても、床にゴロゴロと寝そべるのは衛生上問題がありますから、ここだったらゴロゴロしてもいいよという場所をつくってあげます。ただ単にゴロゴロしながら、お友だち

が遊んでいるのを見たり、本を読んでファンタジーの世界に入りながら、次に遊ぼうという気持ちを整える時間をつくってあげるわけです。

ただ、このためだけに空間を用意できるという広い部屋のある園は少ないと思います。絵本の棚の前に休息の空間をつくったりして、絵本の空間と併用するというのがつくりやすいのではないでしょうか。

ソファにすわってリラックス

上のように、保育室に遊びの空間を整えることで、一人ひとりの子どもの遊びのひらめき、欲求を満たすことができると思います。また、それぞれの空間のなかで展開される遊びは、子どもの発達にとっても重要な意味をもつことになります。この空間構成の中で展開されるさまざまな遊びについては、後に説明したいと思います。

遊びのための時間

遊びの基本条件について、次は「時間」について考えてみましょう。子どもは十分な時間がないと遊ぶことはできません。しかし、園での生活には、室内の時間と戸外の時間、そして昼ご飯や午睡などの園のスケジュールがありますので、遊びの時間にも制限があります。保育者は、この時間の配分が子どもの遊びの邪魔にならないようにしなくてはいけません。保育者の都合で、子どもの貴重な遊びの時間をなくしてしまってはいけないということです。

子どもの遊びのために必要な時間は、年齢や個人差もあるとは思いますが、私は1時間半ほどないと、子どもが十分に遊び込むことはできないと思っています。これはどういうことかといいますと、子どもが何かの遊びに入って、遊び込むという段階になるまでに、少なくとも30分ほどはかかります。たとえば、室内の時間を50分ほどにしている場合、やっと遊びに入ったなという段階で、残り20分ほどしかありません。子どもは毎日の生活の流れを知っていますから、「あと20分で外にいくんだったら」ということで遊びをやめてしまうの

です。いろんな役をひきうけて、その遊びにどっぷりとつかるには余裕をもって1時間半ほどの時間を用意する必要があるのです。

　しかし、子どもはこの1時間半の間、ずっと遊びに集中しているかというとそうではありません。これぐらいの時間の幅の中に、遊びの山と谷がありますから、保育者から始める遊びがその谷の時間にあると、子どもはホッとすることができます。そして、一つの気分転換としてその遊びを終えるとまた自分の遊びに帰っていきます。保育者は子どもの遊びの流れを見て、いま遊びに集中しているのか、またはそうでないのかを見極めた後に、大人からの遊びを提示する必要があります。

基本的な遊びの空間の道具選び

　子どもが「何で遊ぼうか？」となったときに、その遊びにひらめくためにはモノ（道具）が必要です。それには、十分に選べるだけの種類と量を用意してあげたいと思います。また、さまざまな道具の種類があってこそ、「台所」「世話」「構成（構造）」という基本的な空間を構成することができるのです。

　子どもが自発的にモノ（道具）を選ぶという過程を経て遊びに入っていくわけですから、選ぶための十分な種類と量を保障してあげたいのです。すべての子どもの遊びが大切にされる環境というのは、子どものそれぞれの「何をして遊びたい！」という気持ちをかなえてあげられるだけの道具がそろっている環境のことではないでしょうか。

　遊びの数は子どもの数だけあるといえます。そして、それだけの遊びを実現するためには、かなりたくさんの道具が必要になってしまいます。しかし、無制限に道具を用意できるかというとそうではありません。クラスの広さやお金などの制限のなかで、どれだけ十分な道具を用意できるのかが保育者の悩みどころであり、また力の見せどころといえます。

　では「台所」「世話」「構成（構造）」という基本的な遊びの空間の道具にはどんなものがあるのでしょうか。そして、限られた道具で最大限の遊びを実現していくためにはどのような道具が必要になるのでしょうか。

台所、世話の遊びの道具

　台所の遊びの空間は、家でご飯をつくるというところからレストランの厨房にも変化していきます。世話遊びの空間も、家から出て、病院にいったり、子どもをつれて散歩に出たりという遊びに発展していきます。台所での基本的な道具としては、キッチンのセット、食器棚、調理セット、お皿セット、料理の材料などがあげられます。世話遊びについては、人形、鏡、お風呂セット、ベビーベッドなどがあげられます。これらは基本的な道具として用意する必要がありますが、子どもの社会での体験、知識が増えるにしたがって発展していく傾向の強いこのような「役割遊び」においては、遊びの発展に合わせて追加する道具が必要になってきます。子どもの体験のひろがり、社会化に伴って、車なども必要になりますし、台所の遊びがレストランに発展していけば、レジなどの新たな道具が必要となり、枝葉が分かれるように道具の整え方もひろがっていきます。子どもたちも何が足りないのか、何があるといいのかがわかってきますので、子ども自身がお店の看板などの道具をつくることも必要になります。

　このように遊びとともにひろがっていく道具の種類を考えたとき、子どもが「見立てる」ことができるものをなるべく多くするように心がけるのがよいと思います。たとえば積木が一つあったとします。子どもが普通に何かをつくるときの積木一つは、構造の部品としての道具になります。しかし、これを子どもが手にとって耳にあてたとすれば、その積木は電話としての道具の意味が出てきます。子どもはあるものを何かに見立てながら遊ぶことができるのです。

　お寿司をつくる遊びがあったとします。プラスチックのお寿司セットといったおもちゃはいろいろなところで売っていますが、このおもちゃはお寿司の遊びだけにしか使えません。しかし、そこに白いお手玉とフェルトの生地を用意したとします。子どもはお手玉に赤いフェルトをのせてマグロと言うでしょうし、また黄色いフェルトを乗せればタマゴとなるでしょう。この白いお手玉は、お寿司だけでなく、大根を切ったものにもなりますし、餅にも、おにぎりにも

フェルトのネタをお手玉のシャリにのせて…

ケーキにもなります。フェルトの生地は、同様にさまざまな料理をつくることも可能にしてくれます。その他、車に乗る遊びをみても、ハンドルとペダルとシートがあれば、スポーツカーにもタクシーにも、そして大型バスにもなります。そして船の操舵室にも変わります。子どものファンタジーの世界では、ただのモノがさまざまな機能を持つ道具へと変身していくのです。

また、何かのシンボルの流用ということでいいますと、帽子が一つあれば、電車ごっこの車掌さんからタクシーの運転手にもなります。遊びが変われば、警察官、パイロットなどいろいろと発展していきます。

この「見立てる」ということを、なるべく多くできるようにしようと考えたときには、道具の色も重要になります。私は、三原色＋補助色＋白黒という考え方で、赤・黄・青＋橙・緑＋白・黒といった色の構成にして、なるべくそれ以外を多く入れないようにしています。これらの色は子どもが心を動かす色ですし、子どもの発想でどのようにも見立てることができるからです。

形についても、よりシンプルなほうが、遊びの数がひろがります。形が複雑なものがいろいろとあるよりも、シンプルなものが一つある方がいろいろな見立ても可能になります。木のおもちゃが良いといわれたりしていますが、これは質感などの良さの他に、形、色など、いろいろなものに見立てやすいという理由もあるのだと思います。

●台所の空間からひろがる7つの遊び

■ 道　具

調理機材（流しコンロ・なべ・フライパン・茶碗・皿・コップ・レンジ・スプーン・フォーク・はし・レンゲなど）、料理材料（お手玉・チェーンリング・花はじき）、看板など遊びに応じて必要となるもの

ケーキ屋の遊びに発展

① 台所（家）
② 店
　弁当屋・レストラン・たこやき・ラーメン・

寿司屋・ケーキ屋・ファーストフード

③家（人を招待する）

　　誕生パーティ・記念日etc.

④病院の厨房（病人食）

⑤ホテルの食堂

⑥会社の食堂 → バイキング

⑦学校の食堂 → ランチルーム

※それぞれにシンボルとなる衣装や材料などをさまざまな色や、
　形で用意する、想像してつくって遊ぶのはいつも子どもであること

●世話の空間からひろがる7つの遊び

■ 道 具

人形、着替え、ふとん、鏡（ドレッサー）、洗面器、アイロン、アイロン台、車、乳母車、衣装、帽子

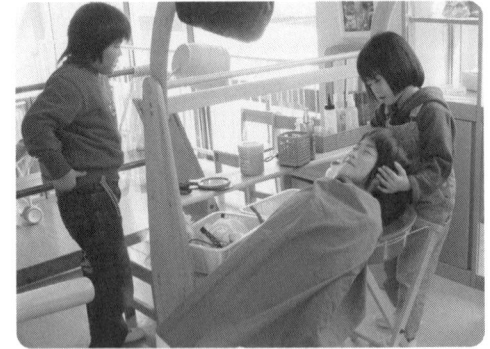

世話の空間から美容院へ

① 人形（赤ちゃん）に食事をさせる
　　人形（赤ちゃん）に化粧をする
　　人形（赤ちゃん）と外出（散歩・買物）

② 鏡（ドレッサー）→ 美容室 → エステ → ネイルサロン

③ アイロン・アイロン台 → クリーニング屋 → 衣替えの準備

④ 車 → 消防車 → 郵便屋 → 宅配便 → 救急車の運転手

⑤ 帽子 → 絵描きさん

⑥ カバン → お出かけ、旅行に行く、キャンプ・海水浴

⑦ アクセサリー屋（宝石屋）、貸衣装屋、写真屋

構成（構造）の遊びの道具

　構成（構造）、つまり子どもが何かをつくる場合、その材料はどのようなものであっても構いません。水、砂、土、木、石など、素材は自然に存在するすべてのものが対象になるといえます。それを前提とした上で、園での構成（構造）遊びの基本となる道具として、私は積木が一番適していると考えています。

　積木には、つくるという遊びがひろがっていく可能性の高さという大きな魅力があります。積むという行為から、いろんな形、高さ、奥行きが実現できます。そしてさまざまな問題解決の機会を提供してくれるのも積木です。この積木を基本にしながら、これにいろいろなものを組み合わせて遊びに幅をもたせられるようにするのです。石、葉、布、子どもたちがつくった工作物を加えていけば、遊びは果てしなくひろがっていきます。

　そしてなによりも、幼児の発達段階においての構築ということを考えたとき、積木は子どもにとって扱いやすい道具です。あまり手先が器用でない子どもでも、積むという行為はできますし、その単純な積むという行為から、さまざまなものをつくっていくことができます。子どもが自分自身の発達の段階に合わせて遊ぶことができるのです。乳児では、少し積むだけでも大きな課題です。年長児になると、その発達に合わせて、まるで課題をクリアしていくかのように複雑につくっていこうとします。

　いろいろな素材をつかって遊ぶことも必要ですし、十分にスペースのあるクラスや、自然の素材がたくさん手に入るところでは、積木だけでなくいろんな素材を使うことができると思います。ただ、スペース上の制約や、子どもが何度もくりかえしつくることができること、後片付けがスムーズにできることなどを考えると、積木はとても良い道具の一つだと思います。

　積木の種類を大きく７つにわけると
　①白木の基本積木 [写真A]
　②色のある積木（色積木 [写真B]、ネフスピール [写真C]、アングーラ [写真D] など）
　③汽車 [写真E１]、道路 [写真E２]、標識 [写真E３] などの積木
　④四角だけではない多角形や変形の積木 [写真F1・F2]
　⑤大きな板、木・葉・石などの自然物
　⑥人形、動物、家など [写真G]
　⑦板積木 [写真H]

[A]デュシマ積木

[B]デュシマ積木色付

[C]ネフスピール

[D]アングーラ

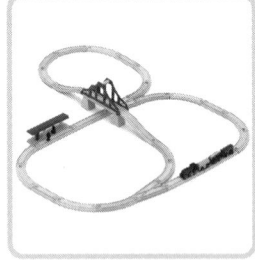
[E1]汽車セット

[E2]道路積木

[E3]標識セット

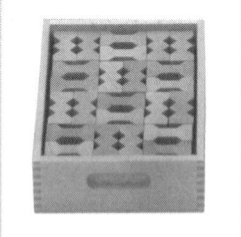
[F1]ジグザグ積木

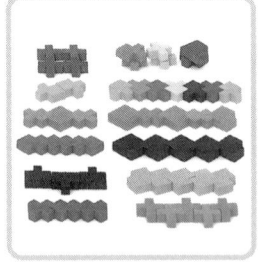
[F2]ジーナブロック

[G]人形・動物・家（左：村寄木、右：ZOOへ行こう）

[H]ビルディングロッズ

が挙げられます。とくに積木遊びの発展段階の順番には関係ありませんが、この7種類の材料をいつも頭に入れておいてほしいと思います。白木の積木だけでなく、そこにさまざまなものに見立てることが可能な色、そして社会とのつながりを表す道路、汽車、標識を加え、もっと複雑な建物をつくることを可能にする四角だけでない積木を足します。これに自然物をいれることで、子どものファンタジーはよりひろがります。人形などをいれると、自分を人形に見立てて遊びが始まります。最後の板積木については、他の積木以上に積むための高度な技術が要求されます。共同作業が必要であったりと、子どもに要求される課題のレベルもより高くなります。

道具の量

　道具の量については、クラスの子どもたちが取り合いをすることのないだけの量をそろえておく必要があると思います。十分な量が保障されていれば、起きなくてもよい喧嘩などのトラブルも防ぐことができます。かといって、道具の量は多ければ多いほどいいというものでもありません。逆に道具が多すぎれば、子どもは粗末に扱ってしまいますし、制約のある園のクラスの空間では、遊びの領域を邪魔することになりますから、道具はある一定の量を用意する必要があります。

　道具の量を考える時には、「4」の数字を思い浮かべるといいかもしれません。「1、2、3、たくさん」という子どもの数字の概念から4という数字をあげる人もいますが、4というのは、子どもにとっては家族の数字ともいわれています。お父さん、お母さん、兄姉弟妹、そして自分です。だから家の遊びの道具としてお皿の数も4枚が一つの目安になります。しかし、年長児ぐらいになると、家の遊びに隣の家の人を招待するという遊びをしますし、レストラン遊びなどが始まるとその数だけ必要になってきます。遊びの進行に合わせて量が必要になってきますから、それに合わせて道具の量が増えていけばよいのです。この時に、この道具が足りなくなっている、あれが必要だ、これをつくらなくてはいけないということは、保育者が判断するのではなく、子ども自身が気づいていってほしいと思います。本当は、道具の量も子どもが決めてほしいのです。保育者は、子どもから出る要望を待って、そして予想して用意しておいた道具を増やしていくという配慮をしてほしいと思います。

保育室全体の空間構成

　以上の空間と道具のことを考えた上で、巻頭のカラーページの前半と以下26〜37頁の、いろいろな園の空間見取図例と写真を見てみましょう。

　園によってさまざまな条件のちがいがあります。もともとは遊戯室として使われていたなどで保育室に舞台がある場合、2クラスを同じ部屋にしている場合、そして異年齢混合クラスもあります。それぞれの方法で5つの空間（台所、世話、構成・構造、机、休息）を構成しています。

空間見取図例 ③
3歳児クラス（保育園）

男12名、女7名　合計19名　（兵庫県加西市　善防保育所）

①台所　②世話　③構成（構造）　④机　⑤休息・絵本　■：撮影方向

洗面台／棚：自由画帳、クレパス、はさみ、のり、粘土セット、ドミノ、動物絵あわせカード、紙製パズル、他ゲーム類 など

棚：キーナーモザイク、モザイク各種、6面動物パネル、フロリーナ など

本棚／2段チェスト／机／ソファ

⑤

2段チェスト：小プレイマット、人形各種、人形の布団、洋服・衣類各種、指人形（うさぎ、くま、ぞう、さる、いぬ）など

④ 机、机

出入口

棚、棚／ドールハウス

じゅうたん ③：基本積木、色積木、汽車セット、標識セット、動物・車・船（プラスチック）、かまぼこ板、ネフスピール、フェルト、画用紙 など

チェーンリング、花はじき、お手玉、スポンジ、フェルト、ケーキ型、容器・袋・箱 など

丸皿、コップ、お茶碗、スプーン、フォーク、泡立て器、おたま、なべ など

棚、棚

② ドレッサー／洋服タンス：スカート、白衣、ネクタイ、ワンピース、エプロン、マフラー、かばん、ブレザー など

化粧品などの空容器、くし、ブラシ、きりふき、カーラー、指輪、ネックレス など

押し入れ

① 机／カラーボックス／流し台／レンジ／冷蔵庫

全体の空間構成

机の遊びの空間

世話遊びの空間

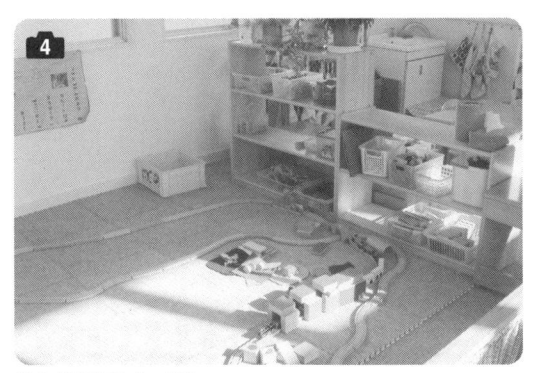

構成（構造）遊びの空間

休息・絵本の空間

第2部　子どもが主体的に遊ぶための環境づくり

空間見取図例 ④
3歳児クラス（2クラス同一空間・保育園）

A：男8名、女14名　B：男6名、女10名　合計38名　（兵庫県揖保郡　第一仏光保育園）

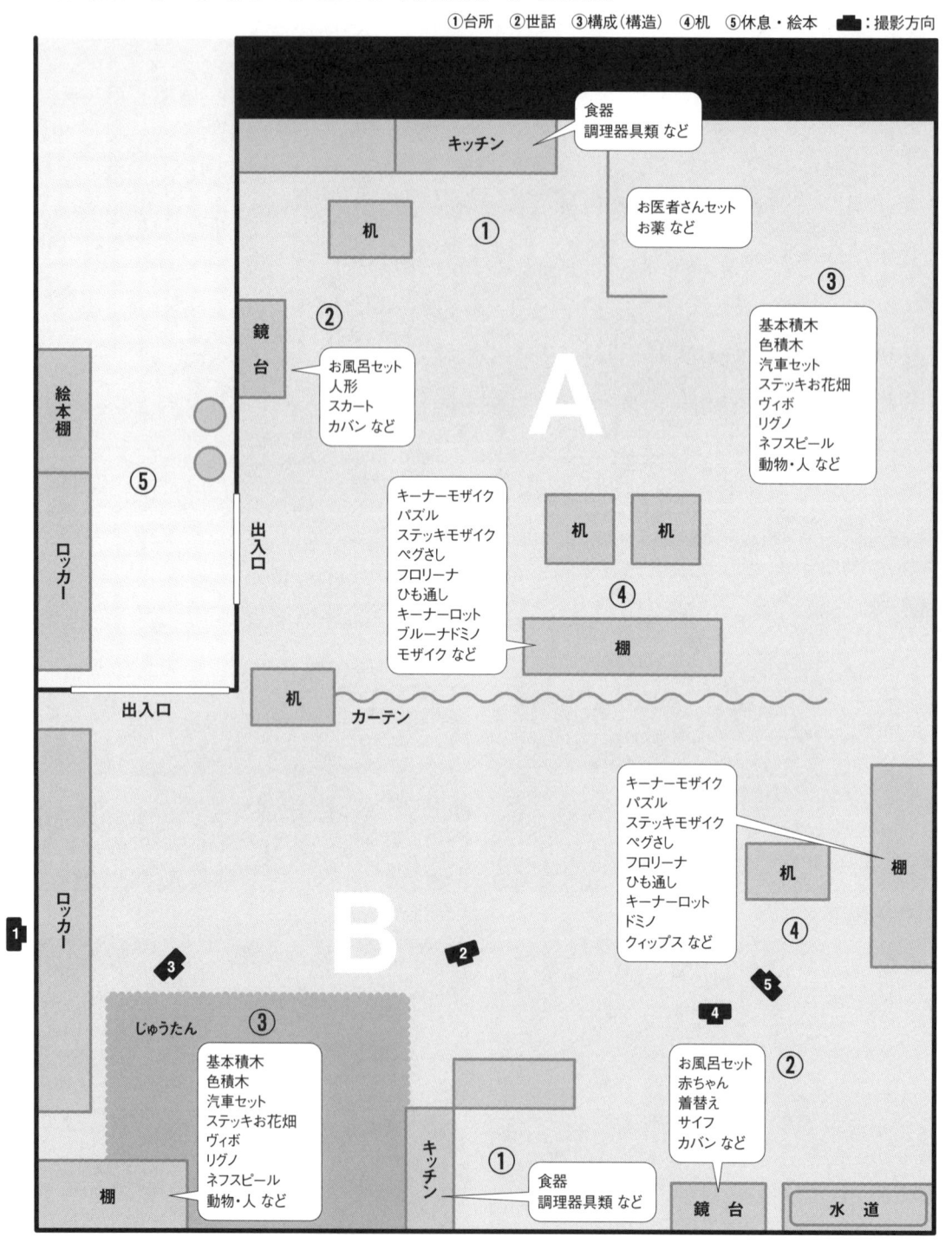

①台所　②世話　③構成（構造）　④机　⑤休息・絵本　　■：撮影方向

キッチン
食器
調理器具類 など

机 ①

お医者さんセット
お薬 など

鏡台 ②

お風呂セット
人形
スカート
カバン など

絵本棚

ロッカー

⑤

出入口

A

③

基本積木
色積木
汽車セット
ステッキお花畑
ヴィボ
リグノ
ネフスピール
動物・人 など

キーナーモザイク
パズル
ステッキモザイク
ペグさし
フロリーナ
ひも通し
キーナーロット
ブルーナドミノ
モザイク など

机　机

④

棚

出入口　机　カーテン

キーナーモザイク
パズル
ステッキモザイク
ペグさし
フロリーナ
ひも通し
キーナーロット
ドミノ
クィップス など

机　棚

④

B

ロッカー

じゅうたん　③

基本積木
色積木
汽車セット
ステッキお花畑
ヴィボ
リグノ
ネフスピール
動物・人 など

棚

キッチン　①
食器
調理器具類 など

お風呂セット
赤ちゃん
着替え
サイフ
カバン など

②

鏡台　水道

Bクラスの空間構成

台所遊びの空間

構成（構造）遊びの空間

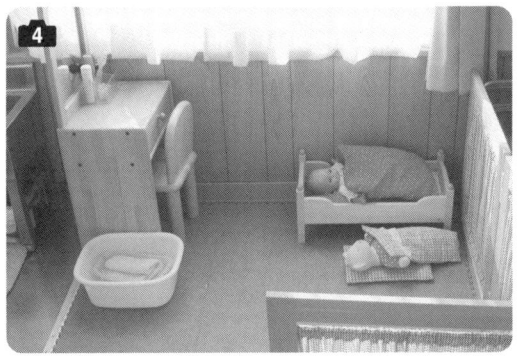

世話遊びの空間

遊び道具をコーナー家具に収納

空間見取図例 ⑤
5歳児クラス（幼稚園）
男15名、女13名　合計28名　（山口県防府市　牟礼幼稚園）

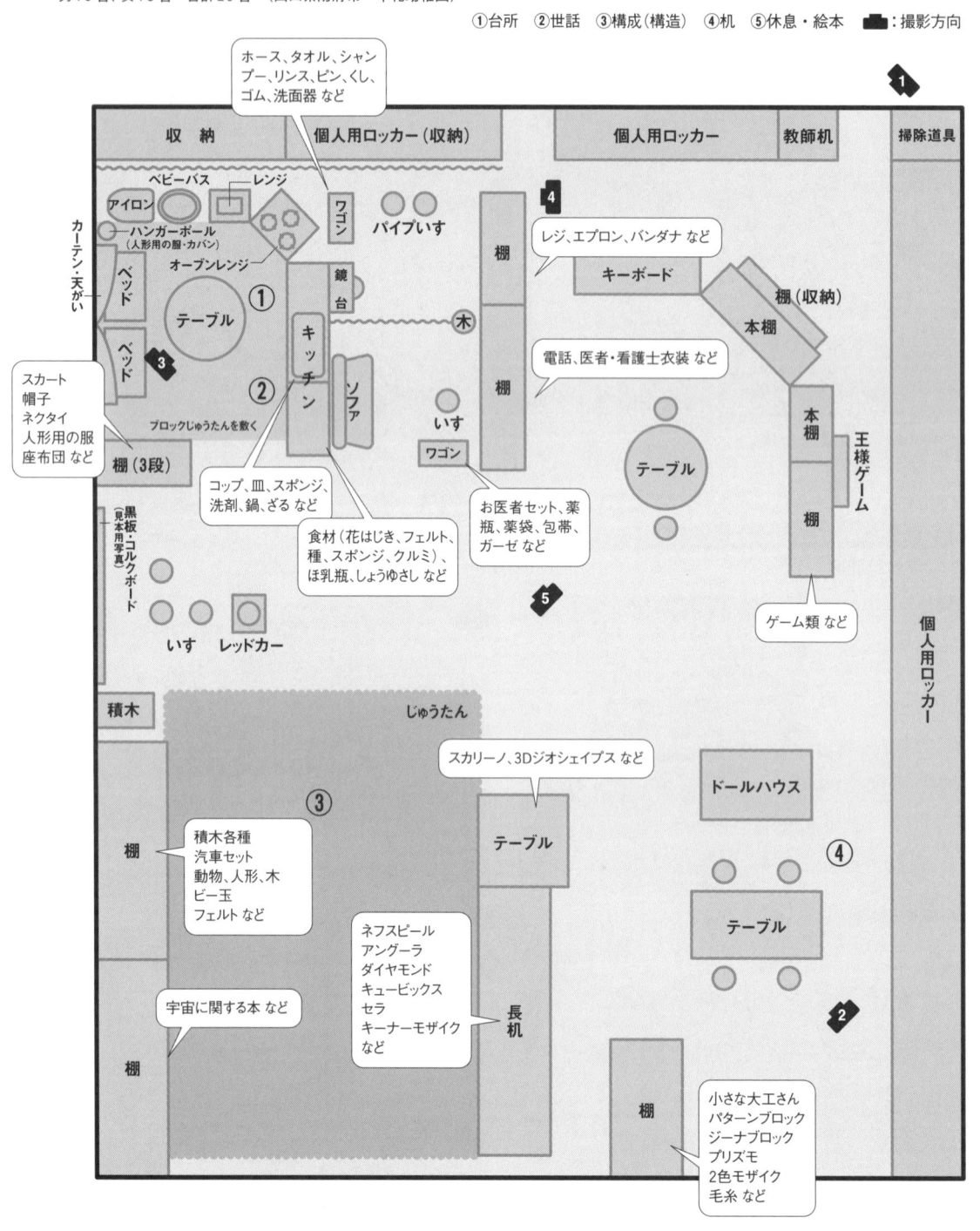

①台所　②世話　③構成（構造）　④机　⑤休息・絵本　■：撮影方向

- ホース、タオル、シャンプー、リンス、ピン、くし、ゴム、洗面器 など

収納　個人用ロッカー（収納）　個人用ロッカー　教師机　掃除道具

ベビーバス　レンジ　ワゴン　パイプいす　棚　レジ、エプロン、バンダナ など
アイロン　ハンガーポール（人形用の服・カバン）　キーボード　棚（収納）　本棚
カーテン・天がい　オープンレンジ　鏡台　本棚
ベッド　テーブル　①　木　棚　電話、医者・看護士衣装 など
ベッド　③　キッチン　いす　本棚　王様ゲーム
スカート　②　ソファ　ワゴン　テーブル
帽子　ブロックじゅうたんを敷く
ネクタイ　棚（3段）　コップ、皿、スポンジ、洗剤、鍋、ざる など　お医者セット、薬瓶、薬袋、包帯、ガーゼ など
人形用の服　黒板・コルクボード（見本用写真）　食材（花はじき、フェルト、種、スポンジ、クルミ）、ほ乳瓶、しょうゆさし など
座布団 など
いす　レッドカー　ゲーム類 など
⑤

積木　じゅうたん
スカリーノ、3Dジオシェイプス など
棚　③　テーブル　ドールハウス
積木各種　④
汽車セット　テーブル
動物、人形、木
ビー玉
フェルト など
ネフスピール
アングーラ
ダイヤモンド
キュービックス
セラ
キーナーモザイク
など
宇宙に関する本 など　長机　②
棚　棚　小さな大工さん
パターンブロック
ジーナブロック
プリズモ
2色モザイク
毛糸 など

全体の空間構成(窓側から)

全体の空間構成(入口側から)

台所遊びの空間

世話遊びの空間(美容院遊び)

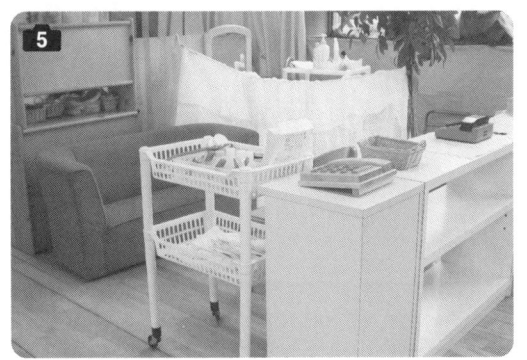

世話遊びの空間(病院遊び)

第2部 子どもが主体的に遊ぶための環境づくり

空間見取図例 ⑥
5歳児クラス（幼稚園）

男13名、女13名　合計26名　（北海道帯広市　帯広ひまわり幼稚園）

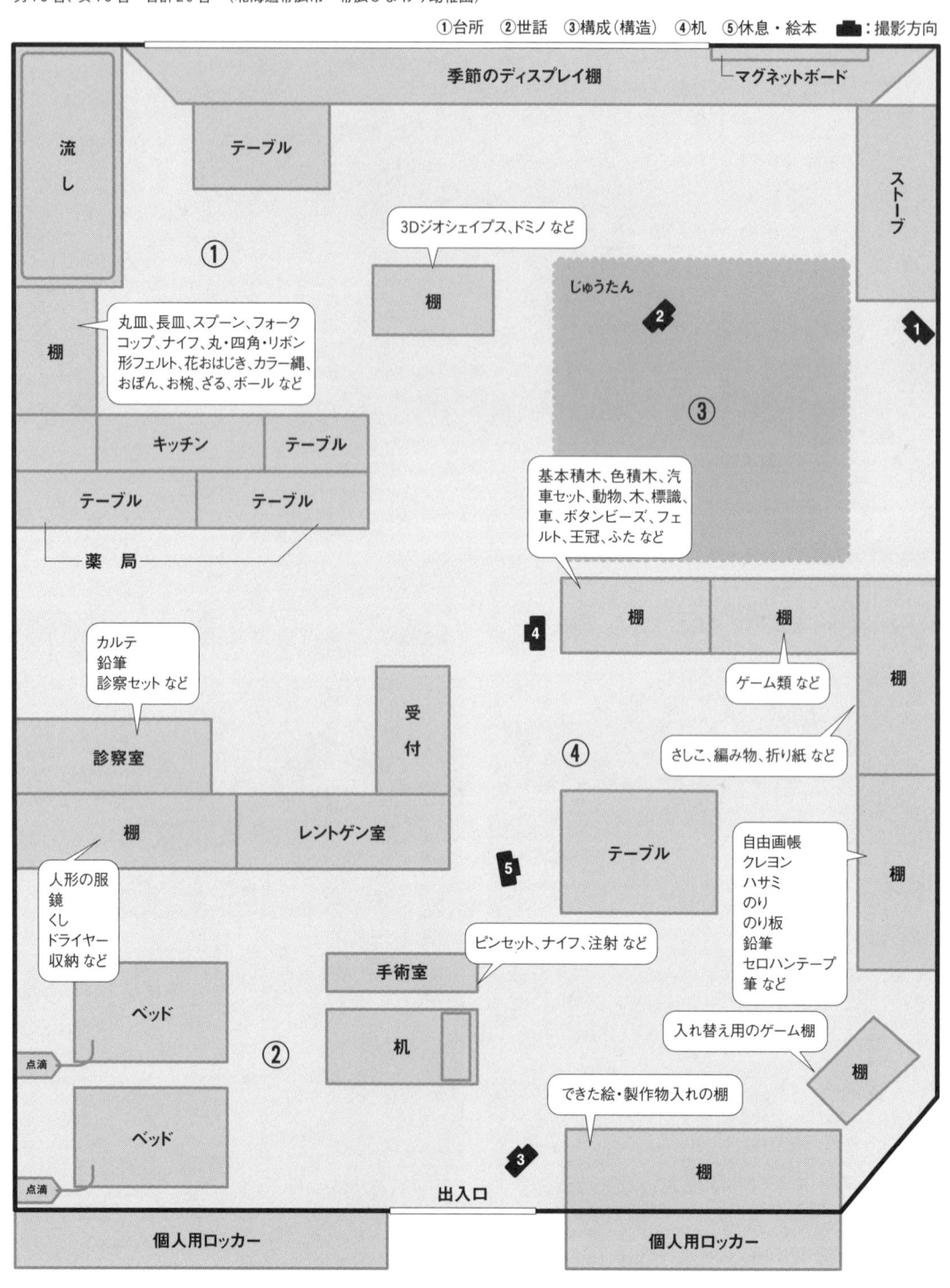

①台所　②世話　③構成（構造）　④机　⑤休息・絵本　■：撮影方向

- 季節のディスプレイ棚
- マグネットボード
- 流し
- テーブル
- ストーブ
- 棚
- ①
- 棚（3Dジオシェイプス、ドミノ など）
- じゅうたん ②
- ③
- 丸皿、長皿、スプーン、フォーク、コップ、ナイフ、丸・四角・リボン形フェルト、花おはじき、カラー縄、おぼん、お椀、ざる、ボール など
- キッチン
- テーブル
- テーブル
- テーブル
- 薬　局
- 基本積木、色積木、汽車セット、動物、木、標識、車、ボタンビーズ、フェルト、王冠、ふた など
- 棚　棚
- ④
- 棚
- カルテ、鉛筆、診察セット など
- ゲーム類 など
- 診察室
- 受付
- さしこ、編み物、折り紙 など
- ④
- 棚　レントゲン室
- テーブル
- 自由画帳、クレヨン、ハサミ、のり、のり板、鉛筆、セロハンテープ、筆 など
- 人形の服、鏡、くし、ドライヤー、収納 など
- ⑤
- ピンセット、ナイフ、注射 など
- ベッド
- 手術室
- 点滴
- ②
- 机
- 入れ替え用のゲーム棚
- 棚
- ベッド
- 点滴
- ③
- できた絵・製作物入れの棚
- 棚
- 出入口
- 個人用ロッカー
- 個人用ロッカー

全体の空間構成（病院遊びが進行中）

構成（構造）遊びの空間

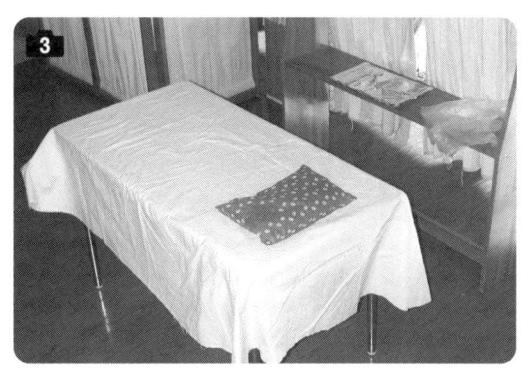

世話遊びの空間（手術室に）

診察室を中心とした病院遊びの空間

机の遊びの空間

空間見取図例 ⑦
異年齢混合クラス（保育園）

3歳：男3名、女5名　4歳：男3名、女6名　5歳：男6名、女5名　合計28名　（兵庫県姫路市　網干れんげ保育園）

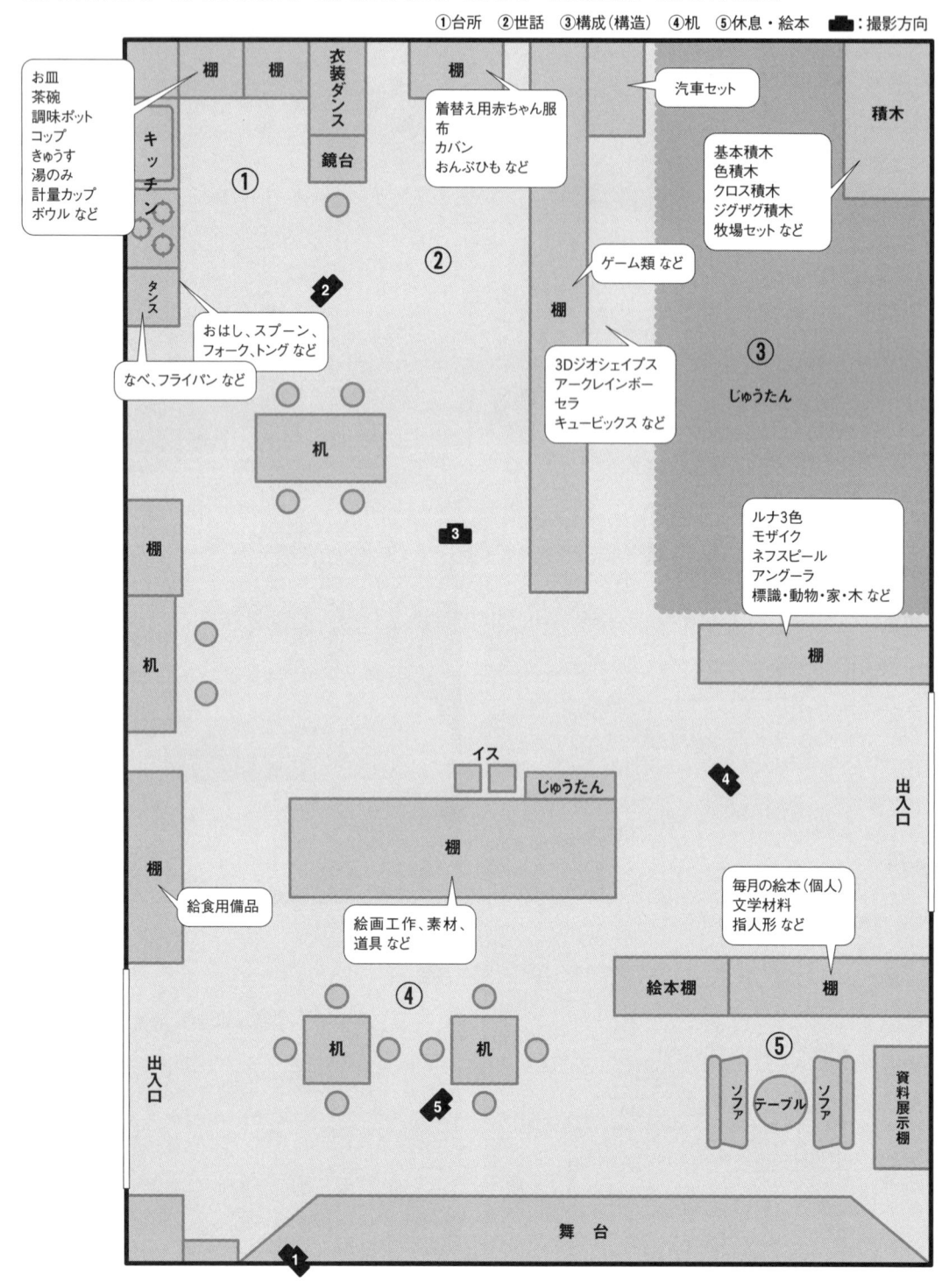

①台所　②世話　③構成（構造）　④机　⑤休息・絵本　■：撮影方向

お皿／茶碗／調味ポット／コップ／きゅうす／湯のみ／計量カップ／ボウル など

着替え用赤ちゃん服／布／カバン／おんぶひも など

汽車セット

積木

基本積木／色積木／クロス積木／ジグザグ積木／牧場セット など

キッチン／棚／棚／衣装ダンス／棚／鏡台／タンス

①
②
③ じゅうたん

ゲーム類 など

3Dジオシェイプス／アークレインボー／セラ／キュービックス など

おはし、スプーン、フォーク、トング など

なべ、フライパン など

机

棚／机／棚

ルナ3色／モザイク／ネフスピール／アングーラ／標識・動物・家・木 など

棚

イス　じゅうたん

棚

④

出入口

毎月の絵本（個人）／文学材料／指人形 など

給食用備品

絵画工作、素材、道具 など

絵本棚　棚

④ 机　机

⑤ ソファ　テーブル　ソファ　資料展示棚

出入口

舞台

34

全体の空間構成

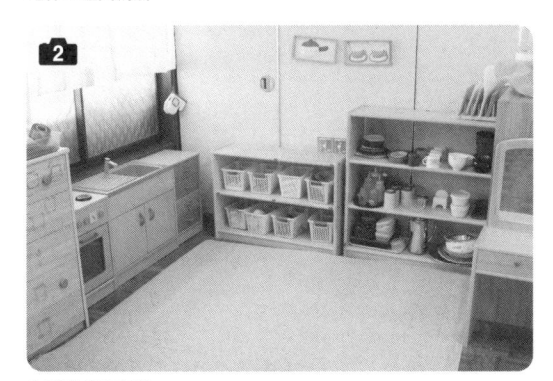

台所遊びの空間

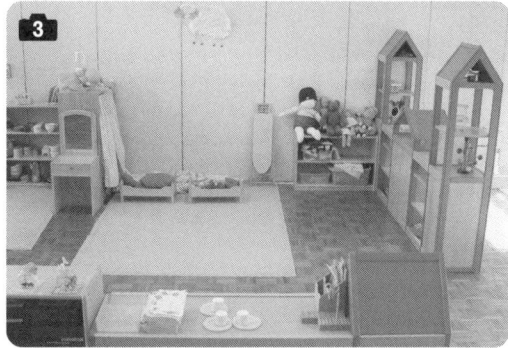

世話遊びの空間

ネフスピール、モザイク各種など

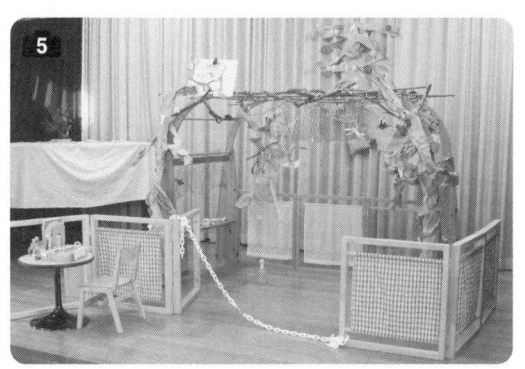

舞台の上につくられた昆虫館

空間見取図例 ⑧
異年齢混合クラス(保育園)

3歳:男6名、女7名 4歳:男7名、女6名 5歳:男2名、女4名 合計32名 (兵庫県姫路市 東山保育園)

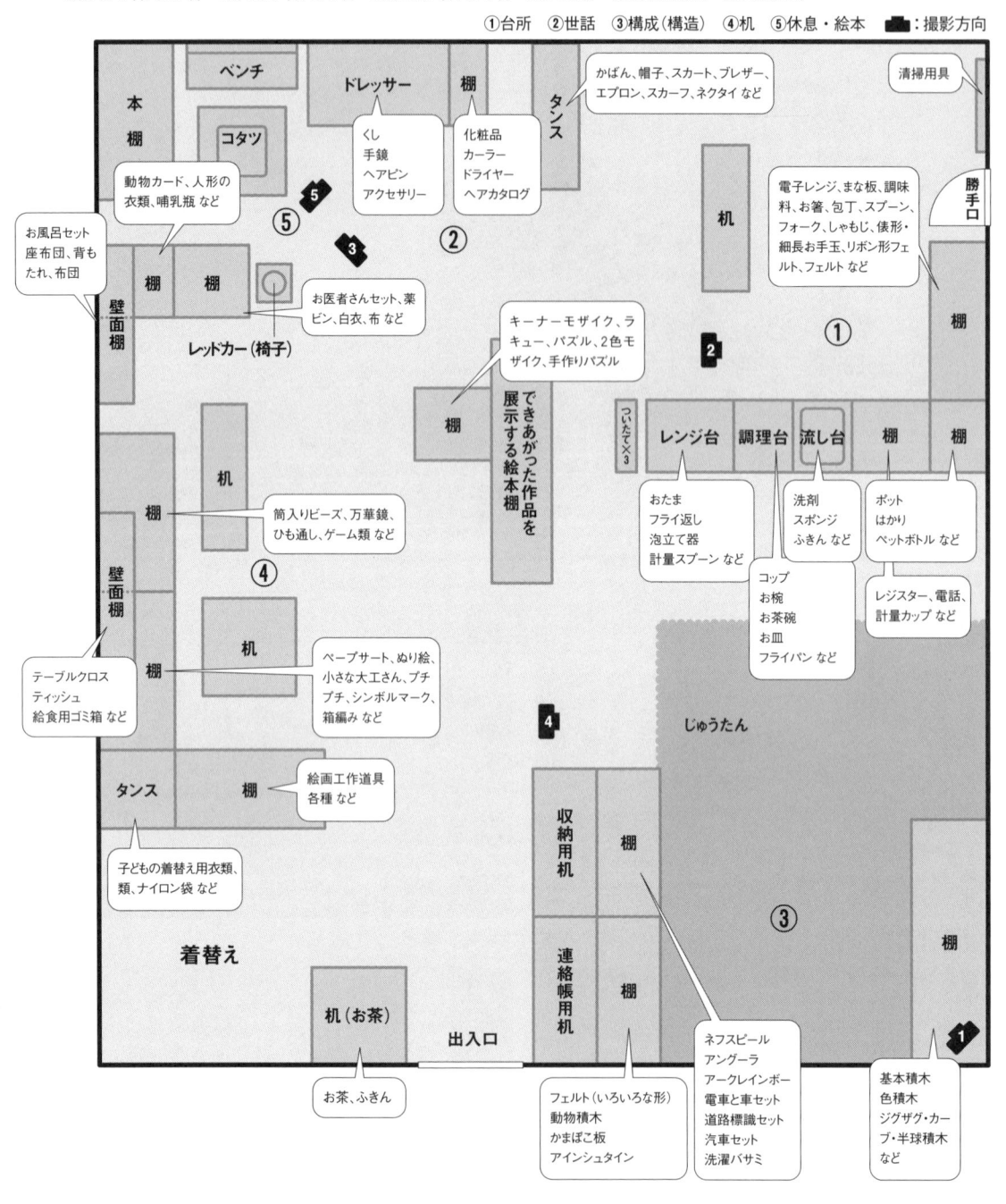

①台所 ②世話 ③構成(構造) ④机 ⑤休息・絵本 ■:撮影方向

- お風呂セット 座布団、背もたれ、布団
- 動物カード、人形の衣類、哺乳瓶 など
- くし 手鏡 ヘアピン アクセサリー
- 化粧品 カーラー ドライヤー ヘアカタログ
- かばん、帽子、スカート、ブレザー、エプロン、スカーフ、ネクタイ など
- 清掃用具
- 電子レンジ、まな板、調味料、お箸、包丁、スプーン、フォーク、しゃもじ、俵形・細長お手玉、リボン形フェルト、フェルト など
- お医者さんセット、薬ビン、白衣、布 など
- キーナーモザイク、ラキュー、パズル、2色モザイク、手作りパズル
- おたま フライ返し 泡立て器 計量スプーン など
- 洗剤 スポンジ ふきん など
- ポット はかり ペットボトル など
- コップ お椀 お茶碗 お皿 フライパン など
- レジスター、電話、計量カップ など
- 筒入りビーズ、万華鏡、ひも通し、ゲーム類 など
- テーブルクロス ティッシュ 給食用ゴミ箱 など
- ペープサート、ぬり絵、小さな大工さん、プチプチ、シンボルマーク、箱編み など
- 絵画工作道具 各種 など
- 子どもの着替え用衣類、類、ナイロン袋 など
- お茶、ふきん
- フェルト(いろいろな形) 動物積木 かまぼこ板 アインシュタイン
- ネフスピール アングーラ アークレインボー 電車と車セット 道路標識セット 汽車セット 洗濯バサミ
- 基本積木 色積木 ジグザグ・カーブ・半球積木 など

(本棚、ベンチ、コタツ、ドレッサー、棚、タンス、壁面棚、レッドカー(椅子)、机、ついたて×3、レンジ台、調理台、流し台、じゅうたん、収納用机、連絡帳用机、着替え、机(お茶)、出入口、勝手口)

全体の空間構成

台所遊びの空間

世話遊びの空間

構成（構造）遊びの空間（神社づくり）

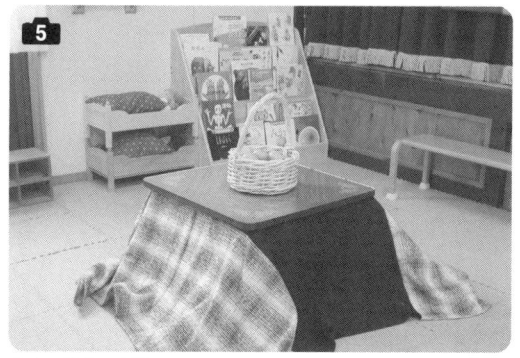

休息・絵本の空間

第2部　子どもが主体的に遊ぶための環境づくり

第3部
さまざまな子どもの遊び

さまざまな子どもの遊び

　ここまで、子どもが主体的に遊ぶことのできる環境づくりについて話をしてきました。今度は、このような環境のなかで、子どもがどのように遊んでいくのかみていきましょう。
　さて、子どもが自発的に遊ぶものには、どのような種類があるのでしょうか。子どもの遊びを細かくみていくと、子どもの数だけ遊びの種類があるといえます。それを一つひとつ取りあげることは不可能ですが、私の保育実践のなかでは、子どもから始める遊びとして、

① 操作・練習遊び
② 構成（構造）遊び
③ 役割遊び
④ ルールのある遊び
⑤ 絵画・工作
⑥ 戸外の遊び

と大きく6つに分けて考えています。これは遊びの空間づくりでも触れていますが、これらの遊びができるように空間を整えるということにもなります。そして、これらの遊びのほかに、絵本・おはなし、わらべうたなどの保育者から始める遊びが加わります。遊びそれぞれの特徴を把握した上で、保育者は子どもの主体的な遊びの援助を行う必要があります。112頁の表「乳幼児期の遊びの種類と発達」と照らし合わせてみていきましょう。

1. 操作・練習遊び

　操作・練習遊びとは、いろいろな素材、道具を見て、触って、接合したり、回転させたり、はめたり、ちぎったりと、素材、道具を操作することを繰り返し練習する遊びのことをいいます。その行為自体が目的となる遊びです。子どもは、机の上などで集中して、一つの作業に没頭する時間も欲しています。自分だけの空間を確保して、安心して集中した遊びをすすめることができるからです。操作・練習遊びは、繰り返し遊ぶことで手の機能が発達するだけでなく、さまざまな道具を単体、あるいは組み合わせることによって、構成（構造）の遊びにつながっていきます。また、思考の操作・練習の遊びもあります。パズルの組み立てなどがその例で、パズル遊びを通して全体と部分について、いろいろと試しながら認知していくのです。基本的には1人の遊びで、手や指の器用さを発達させたり、物の性質、用途を知っていき、それが構成（構造）の遊びへとつながっていきます。

　また、操作・練習遊びは、机の上での遊びだけをいうのではありません。練習という意味では、他のすべての遊びのなかにもさまざまな練習行為が含まれています。子どもは乳児の段階から意識することなく練習を積み重ねています。乳幼児の育ち、遊びのすべてが社会へ適応するまでの練習といってもよいかもしれません。

　その一つに、言葉の練習が挙げられます。役割遊びなどのコミュニケーションのなかで、新しい言葉を繰り返し使うことで覚えていったり、それぞれの職業、立場別に声の強弱や、言葉づかいといった話し方などを練習していくことになります。次に身体を動かす練習で、椅子に昇ったり降りたり、机の下に隠れるときに屈んだり、せまいスペースをバランスをくずすことなく歩いていったりなど、これも練習の一つといえます。そして道具を使った練習もあります。台所での料理の時に繰り返し混ぜる、できた料理をテーブルにきれいに並べていく、積み木を高く積む、並べる、紐を通す、洗濯バサミをつなげるといった行為も遊びのなかの練習といえます。子どもは、遊びのなかでさまざまな行為を繰り返すことで、その遊びに含まれる要素を自分のものとしていきます。

　子どもにとっては、さまざまな素材を使って繰り返し遊ぶことがとても大切で、着実にものの性質、用途を知っていきます。ある一つの遊びを繰り返していくことによって言葉を覚えていくのと同じ過程で、自分のできること、考えられることの幅をひろげていくのです。

1. 操作・練習遊び

紐通し

- 目と手の協応
- 量を知る（長さ）
- ビーズや花はじきなどいろいろな素材を楽しむ
- 手先の器用さに応じて大まかなものから細かなものへ道具をかえる
- 役割遊びの道具としても使える

ネフスピール

- 数の認識（高低を知る）
- 見本と同じものをつくる（同一視）
- 色の認識
- シンメトリー（左右対称）をつくることができる

編み物各種

[写真左] 指編み
[写真中] リリアン編み
[写真右] 平編み

- 衣食住の衣についての興味を深め仕組みを知る
- いろいろな素材でいろいろな模様を作って楽しむ
- 自分たちの生活のなかに取り入れられる

キーナーモザイク

- 6×6サイズと10×10サイズがある
- 幾何学的形について経験する
- 色の組み合わせを楽しむ
- 絵を描くことが苦手な子どもがいろいろな模様をつくって楽しむことができる遊びのひとつ

モザイク [写真左]

- 幾何学的形について経験する
- 絵を描くことが苦手な子どもがいろいろな模様を作って楽しむことができる遊びのひとつ

フロリーナ [写真右]

- 手先の不器用な子どもも扱いやすい
- 部品の接合方向が多い
- 何かをイメージしたものをつくったり、つくったものに命名する

マグネットボード

- 色、形、大きさの分別
- いろいろな形や模様を作って楽しむ
- つくったものに命名したり、何かをイメージしてつくる

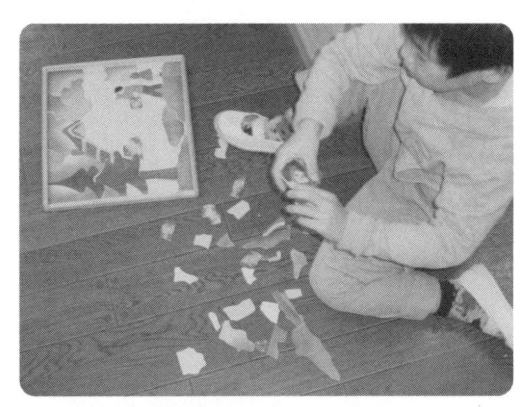

木のジクソーパズル（ヘンゼルとグレーテル）

- 子どもが思考操作することを、最も助ける遊びのひとつ
- 部分と全体の把握
- 形の認識 など

3Dジオシェイプス

- いろいろな形や大きさの組み合わせを楽しむ
- 構造遊びのなかに取り入れることができる

1. 操作・練習遊び

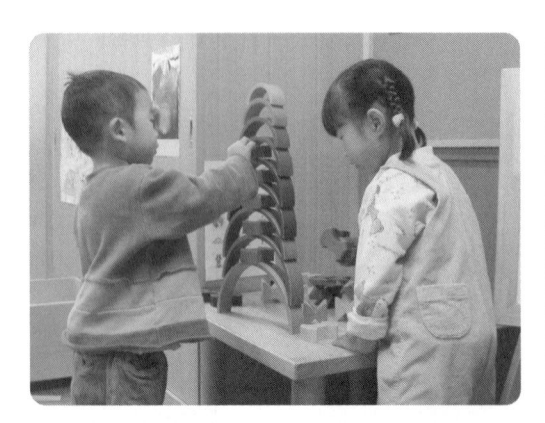

1. 操作・練習遊び

アークレインボー

・量（大小）を知る
・比較する
・積み重ねることで高さや順序を知る
※使い方や組み合わせによって広い、狭いを知ることもできる。構造遊びのなかに取り入れることができる

クラウン

1人での練習遊び

・身体像を知る
・高低を知る
・組み合わせによるユーモア性

※2人以上→ルールのある遊び

2. 構成（構造）遊び

　構成（構造）遊びの本質は、構築することで、この遊びは子どものつくりたいという欲求から生まれます。その代表例が積木などで、子どもが自分のさまざまな体験を形として構築して実現することで、記憶力、想像力、問題解決、美的感覚、観察力、器用さなどが発達していきます。つくりあげることによって成功の喜び、空間認識、空間関係の知識も習得することができます。構造（構成）遊びの始まりは、子どもが「自分で何かつくりたい」という子どもの欲求です。ただし、何もないところでは、このような欲求は生まれません。だから保育者はその子どもの発達に合わせた道具を用意する必要があるのです。

●積木遊びの7段階

1段階

・子どもは積木があると
　　並べる → 規則的に並べる
　　積む → 規則的に積む
　※色、形を秩序よく並べる・積む など

2段階

・複雑に積んだり、並べたりして、できあがったものに名称をつける。

3段階

- レンガ積みができる。
- いくつもレンガ積みをつくる。
  → 高さはまだあまりない。

4段階

- レンガ積みで高く積み上げる。（タワーなどの写真を参考に、椅子などを使いながら）

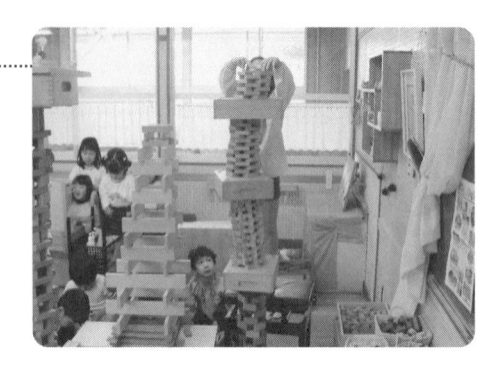

5段階

- 高い建物、大きな建物をいろいろとつくって構造物の群をつくる。
- 何をつくるかのイメージをもちながらつくる。

6段階

- 高さを求めず、平面に戻る。つくるものの質そのものにこだわり始める。

※動物園を平面につくっていく。

※建物のなかにある客間など、本来外からは見えない部分を細かく再現する。

2. 構成（構造）遊び

7段階

・曲線をつくるなど、高度な技術がもとめられる積木遊び。

※共同作業、高度な積木技術が必要な道具類など

　子どもは、まず素材をいじる練習をします。形があれば積み重ね、構築しようとします。幼児の場合、2〜3人いると協働の練習遊びになることもあります。構成（構造）遊びにおいての注意点は、1人だけの構造遊びに終わってしまう危険性もあるということです。1人で積み上げるという遊びもとても大切ですが、仲間関係や協働の作業に遊びがひろがっていくように、保育者は援助しなくてはなりません。子どもはこの遊びを通して、模倣・思いつき・工夫・思考・話し合いなどを行い、作業の分担もできるようになっていくのです。構成（構造）遊びがひろがっていくためには、いろいろな体験をしてそれをつくりたい、再現したいという気持ちが子どもに起きなければそうなりません。園の行事を通じて、また家庭や地域で体験したことを通じて、それらを再現しようとする遊びが、構成（構造）遊びにもひろがってくるのです。絵本をたくさん読んでもらったなかから再現し、ストーリー性のある構造遊びになったりすることもあります。そしてそこで完成した作品を利用して役割遊びになったり、それを通じて仲間関係がひろがっていくこともあります。

　1人での作品も協働して完成した作品も、すべてにファンタジーがあり、子どもにとってドラマのある大切な物語なのです。

●さまざまな構成（構造）遊び

　構成（構造）遊びがどのように始まり、どのように発展していくのかについて、遊びの経過とポイントを含め、いろいろな園での実践例として48〜75頁にまとめました。ただつくるということだけでなく、子どもたちの物語が聞こえてきそうです。

お空にひろがるぼくの夢
宇宙の街づくり

■ 経　過

　この遊びは、ただ単に高い塔をつくりたいということで、積木で塔をつくったことがきっかけでした。天井に届かせようと子どもたちが頑張っていた時、プラスチックのおもちゃで天井を空に見立ててロケットをつくっていた子どもが、そのロケットを塔の上にのせて大きなロケットの発射台にしようといったことから遊びがひろがっていきました。

　その頃、「ぼくらは未来の探検隊」という歌をうたっていたのですが、"未来、将来"というイメージは子どもにとっては、星や宇宙というものになっていたようで、本棚にある宇宙の本などを見たりして、塔づくりと並行してそのイメージをひろげていたようでした。ロケットの発射台ができたことによって、それまでは子どもたちがバラバラに列車の高架をつくったり、町をつくったりしていたのが、宇宙をつくるという共通の認識につながっていきました。

　テーマが宇宙の街づくりとして固まってから、宇宙にはどんな家があるのだろうという会話のなかで、宇宙ステーションを知っている子どもがいました。その子どもが図鑑などを家からもってきたり、保育者も用意するなどして、宇宙に人が住む場所があるということを知っていきました。

　興味のある子どもはある程度の知識がありますが、それを知らない子にも共通のイメージをもつことができるように、保育者は情報を伝えていきました。オーガンジーの大きめの布を壁に飾り、宇宙のイメージを深められるようにしました。また、宇宙ステーションの会話のな

いろいろな積木、板、箱を組み合わせてダイナミックな構造に

かでスペースシャトルの話をしたら、子どもが図鑑を調べて絵を描いたので、ロケット発射台の近くにつるしました。

　子どもたちの会話に「貝殻があったらいいな、石があったらいいな」というのがあったので、その都度少しずつ新しい素材として出していきました。追加の道具としては、人形などを出すことで、自分に見立てて、宇宙の街で生活していることをイメージして遊ぶようになりました。

　積木の技術的なことについては、初めはびっしりと埋めながら積むやり方をしていたので、積木が足らなくなることもありました。そこで、保育者自身も遊びに加わって、縦と横の幅の差があることを利用した積み方を示していくと、子どもたちも効率よく高く積む方法を覚えていきました。隙間をつくりながら積むことになるので、建物に空間もできるようになり、そこに人形をおいたり、飾りを置いたりしてちがう遊びにもなっていきました。

　ステーションづくりもある程度すすんでいくと、積木の空間であるじゅうたんの上が構造物でいっぱいになってしまいました。子どもの遊ぶ空間が足りなくなってしまい、遊びが止まったりすることもあったため、長机をまわりにおいて遊びの空間の変化の様子をみました。子どもは最初は長机がおかれたことにとまどっていたが、慣れるにしたがってじゅうたんに敷き詰められた宇宙の街を机の上へとつなぎ、遊びの空間をひろげていきました。とくにアングーラ、ヴィボなどの積木は別に机の上でつくっていたりもしていたのですが、

机の上のミニ宇宙ステーションづくり

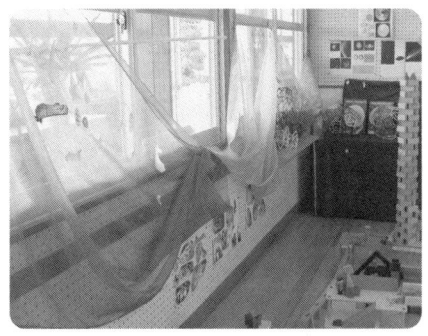

窓に青い布をかけて宇宙空間の雰囲気をつくる

宇宙に関するさまざまな資料と、積木に組み合わせるいろいろな素材

立体的な都市空間

2. 構成（構造）遊び
宇宙の街づくり

第3部　さまざまな子どもの遊び　49

それを宇宙の街にも使っても良いことを保育者が示すと、子どもも自分たちから組み合わせるようになっていきました。また、他のおもちゃの箱なども土台として使っていけることに子どもたちは気づいていきました。

この遊びは始まってから2〜3カ月ほど続きました。期間が長く続いたこともあり、クラス全員の子どもが共通の認識を保っていられるように、また、積木に入っていなかったりする子どももいつでも遊びに加われるように、積木に変化が出るたびに、保育者はその状況の変化を伝えていくようにしました。

ロケット発射台とスペースシャトル、宇宙船

机を足したことで、立体的に空間がひろがる

■ ポイント

　個々の遊びに刺激されて、一つのテーマができあがり、そのテーマに沿ってつくりあげていきます。子どもが会話のなかでアイデアを出したり、相談したりします。保育者が道具を用意することによって、子どもたちだけでスムーズに遊びをすすめていくことができます。クラスのなかに新聞などのニュースを情報として掲示するのも良いかもしれません。

　この積木遊びは、イメージしたものをほぼその通りつくろうとする年長児の遊びの例の一つといえるでしょう。宇宙の浮遊感覚を出すために机など高さのあるものを組み合わせています。宇宙の街のひろがりのイメージを子どもたちは受け入れていっています。また、アングーラ、ネフスピール、ダイヤモンド、セラなどを入れることで色も豊富になるというアイデアも子どもに受け入れられていったようです。

2. 構成（構造）遊び　宇宙の街づくり

『ちいさいおうち』をつくろう
絵本の世界を再現する

■ 経　過
絵本の世界を積木をつかって再現して遊んでいました。『ちいさいおうち』の世界を積木遊びで再現しています。

■ ポイント
子どもは、遊びのモチーフとして絵本の世界も再現して遊ぶことがあります。絵本は、子どもたちの共通の体験として、子どもたちのなかにあるものです。

保育者から読んでもらう絵本であれば、遊び始めると、他の遊びをしている子どももその遊びに対して批評、提案、工夫をすることで遊びを助けていってくれます。絵本の世界をつくるということは、子どものファンタジーの世界を実際につくりあげることになります。その時、子どもの絵本体験を平面から立体の世界へひろげるためにも、それを可能にする手段、道具が必要になってきます。積木はその有効な道具の一つになります。

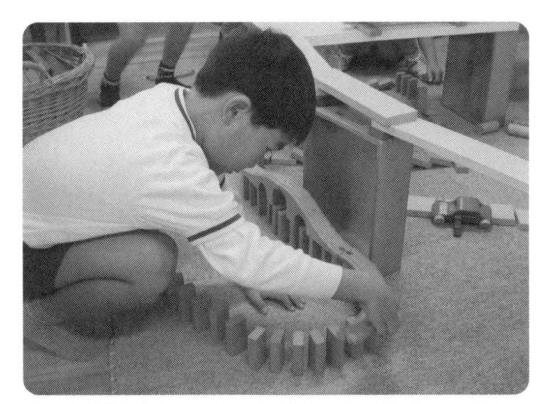

積木を曲線に並べ、汽車セットを組み合わせて高架をつくる

時には絵本を見ながらつくる

第3部　さまざまな子どもの遊び

露天ぶろはいいなー！
温泉旅行

2. 構成（構造）遊び

温泉旅行

■ 経　過

　正月休みを終えて登園した子どもたちのなかに、家族と旅行で温泉に行った子どもが何人かいました。それ以外の子どもたちのなかにも過去に家族旅行で温泉に行った経験のある子どもがいて、温泉についての会話がはずみました。そこで保育者自身の温泉旅行の体験も話して、温泉旅館、ホテルのパンフレットなどを見せたところ、子どもが温泉とホテルをつくろうと言ってこの積み木遊びが始まりました。

　最初は、2、3人が中心になって、ホテルをつくったり、風呂をつくったりしていましたが、新たに子どもが加わって、グループが2〜3つほどできあがり、お互いの状況を見ながらすすんでいきました。

　子どもたちは、以前に石を組み合わせた積木を体験していたので、道具に石を加えました。また、以前に青色の布を川の水に見立てて遊んだこともあったので、素材に青い布も足してみると、露天風呂などをつくり始め、他のホテルにも露天風呂ができていきました。

　つくっている最中には、子どもたちからはとくに技術的な相談やトラブルの相談もなく、子どもたちだけで遊びは進行していきましたが、風呂の暖簾をつくりたいという要望があったので、画用紙に「湯」と書いて、暖簾としてつけていきました。

ホテルと露天風呂。青い布をつかって噴出る湯を表現

建物の写真を見ることで共通のイメージをつくる

壁に参考として温泉旅館やホテルの写真を貼っておきましたが、屋根の形をつくる際に参考にした程度で、ほとんどの構造はそれぞれのグループのイメージのままにつくっていったようです。

　温泉街づくりは3日ぐらいでほぼ完成しました。ある程度できあがった段階で小さな人形を使って、宿泊する遊びをしたりして、その後も温泉旅行遊びは続いていきました。

グループで相談してつくる。テーブルの上に積むことでより立体的に

温泉に行った体験を細かく再現。石と積木の組み合わせが美しい

ホテルに泊まった経験をもとに、大きなホテルを共同でつくる

■ ポイント

　休暇を家族と過ごした体験から始まった遊びです。子どもにとっては、家族と一緒の旅行は大きな喜びです。子どもの遊びには自身の情緒、思い出が表れます。同じ体験をした子どもとは、会話もはずむし、コミュニケーションを積極的にとろうとします。

　いろんな素材を温泉やホテルに見立て、グループに分かれて工夫したり思いつきを話したりするなかで、お互いの体験から言葉を知ったり、人の話を聞いたりといったコミュニケーションの体験を深めていっています。

　この遊びで何よりも貴重な部分は、家族の誰かに同化して、温泉につかり、旅行を再現することでしょう。そのなかで、温泉やホテルで人とどう接するのかという部分まで模倣したりすることで社会を体験する役割遊びになっていきます。

2. 構成（構造）遊び
温泉旅行

第3部　さまざまな子どもの遊び　53

ぼくの町の紹介
姫路の街づくり

■ 経　過

　11月に年長児は電車に乗って姫路動物園に行きました。その次の日に動物園の見取り図を拡大コピーして部屋の壁に貼っておくと、早速、動物園づくりが始まりました。動物は積木、色紙で折ったもの、ラキューで組み立てたものとさまざまでした。それぞれの檻ができて、布やフェルトを使って、草や水に見立てたものをつくっていきます。動物園のなかの遊園地の空中ブランコは３Ｄジオシェイプスでつくっていました。その他にも観覧車、コーヒーカップ、モノレールなどをつくっていき、さらに、この遊びは動物園から外にもひろがっていきました。

　昼食のお弁当は動物園の南にあるデパートの屋上で食べたので、そのデパートもつくり始めました。ビルの横にはエレベーターもつくられ、そこから街づくりという共通のイメージにひろがり、電車の駅（姫路駅）もつくり始めました。

　この遊びは年長児が中心となっていましたが、この姫路駅づくりは年中児が駅を何回か

体験をもとにどんどんひろがる街づくり

[左] ３Ｄジオシェイプスと折紙でつくる空中ブランコ
[右] 同じく３Ｄジオシェイプスでつくる大観覧車

利用したこともあって、率先してつくっていました。子どもたちに「デパートの屋上から他に何が見えた？」と尋ねると「お城、ビル、郵便局」などの声が。姫路城づくりはそこから始まりました。高く積んでいくのに板を用意し、イメージが膨らむように姫路城や姫路の街の写真を壁に貼ってあげました。

2. 構成（構造）遊び　姫路の街づくり

■ ポイント

　仲間関係がひろがる要素として、共通の体験をすることはとても重要です。この遊びでは、動物園に行く過程において交通手段として電車、駅を経験していることが子どもの共通のイメージづくりに役立ちました。切符を買い、行き先も確認することで、駅で働いている人、電車のなかでの他の人の様子も、子どもたちは知ることができます。楽しい体験をすることによって、子どもはそのまわりの環境と良い関係のなかでその体験を自分のものとすることができるし、また再現することもできます。街にはいろいろな施設（動物園、デパートなど）があることを、子どもたちが気づくように保育者も配慮していることがわかります。

楽しかった動物園を思い出しながら

第３部　さまざまな子どもの遊び　55

サンタさん、なにをくれるかな？
クリスマスの城下町

2. 構成（構造）遊び ／ クリスマスの城下町

■ 経　過

　12月に入ると、壁の飾りや絵本などの影響もあって、クラスの雰囲気にもクリスマスらしさが出てきます。その頃、園庭のモミの木が枯れたので、その木を何かに活かすことができないかと保育室に持ち込み、クリスマスツリーのある街をつくってはどうかと子どもに提案してみました。受け入れてくれた子どもたちは、次々とどんな街をつくりたいのかと話し始めました。それを1枚の絵に保育者がまとめて、その絵を壁に貼って、その他にも参考写真としてツリーのある街の写真も貼っておきました。

　以前にお城をつくった経験があった子どもたち。お城からつくり始めました。年長児が城づくりをすすめ、街づくりについては年中児が中心になってすすめていきました。積木だけでなく、フェルト、布、牧場セット、石、スーパーボール、花はじき、人形、白い綿、木の実などを作業のすすみ具合に合わせて足していきました。

　街づくりは2週間ほどでほぼ完成しました。クラスの雰囲気は、クリスマス一色となり、年長児を中心にサンタクロースがプレゼントを配るという遊びが始まりました。その後、子どもたちは、家に帰ってもこの遊びを続けていたそうです。

クリスマスの夜、大きなツリーのある街にサンタがやって来た！

■ ポイント

　日本では、クリスマスの時期に、サンタクロースからプレゼントをもらうことはほとんどの家庭の習慣となっています。子どもは積木遊びで、城、タワ

① 塔からつくろう

② 白木の積木に、セラ（赤）で屋根をつくってアクセントに

③ 同じ基尺の積木を組み合わせて精密につくる

④ きれいな色のスーパーボールを花はじきの上にのせてファンタジックに

⑤ 綿を雪に見立ててクリスマスの街を演出

⑥ お城が完成。年中少児も興味津々

2. 構成（構造）遊び
クリスマスの城下町

一、ビルなど街をつくる体験はたくさんしています。そして、その街も、クリスマスのシーズンには普段の街とどこかがちがうことを絵本などで知っています。そのイメージを再現する遊びのようです。家族で過ごすクリスマス、サンタクロースからもらうプレゼントを心待ちにしながら子どもたちは遊ぶのです。

第3部　さまざまな子どもの遊び　57

天守閣までのぼろうよ
大阪城づくり

2. 構成（構造）遊び 大阪城づくり

■ 経　過

　保育者が大阪城の写真を年長児にみせたことがきっかけとなって、大阪城をテーマとした積み木遊びが始まりました。まず、子どもたちは小さなお城を建てました。もっと大きいものをつくってみようという話になり、土台の部分は保育者が用意して、サイズなども最初に決めて、それを基に、子どもが写真を参考にしながら積み上げていきました。次の段を積み上げるために板を乗せて土台をつくろうとしますが、板の積み込みサイズの調節ができないという相談が子どもから保育者にあったので、保育者も遊びに加わり調節の仕方を示してあげました。

　その後、順調に城づくりはすすみ、完成しました。子どもたちが参考にした写真に写っていた大阪城の「虎の飾り」に興味をもった子どもたちが、自分たちでつくった城にも加えたいと言い始めました。子どもたちは画用紙に白、黒、黄色の絵の具を使って絵を描きました。完成後、絵は城の近くのロフトの柱に貼られました。

　その後、小さい人形を使って城を見学する遊びをしたり、城づくりに参加しなかった年少児の子どもたちもその見学遊びに加わったり、車を走らせる道路を城のそばにつくったりしていきました。

　城のイメージをもっとふくらませるため、近くの図書館に尼崎城の城壁が残っているのでみんなで見にいきました。実際にある城壁をに見に行ったことで、積木の積み方、屋根の工夫などをより具体的に知ることができました。ちょうどその頃、人形や車を使って遊んでいたせいで、積木の城の中間部分が崩れ始めていたこともあっ

積木の箱、円筒で立ち上げ土台をつくる

規則正しく、根気よく積み上げる

て、子どもたちからもう一度つくり直そうという提案がありました。

　土台づくりに慣れてきた子どもたちは、今度は一番下の土台となる筒を並べるところから始め、筒を並べながら板を合わせていき、サイズ調節も行っていきました。前回苦労していた橋作りも一番下の積木を基本積木に変えたことにより、安定して積み上げていくことができたようです。

　前の時には、年少児は加わることのなかった城づくりでしたが、今回は年長児から許しを得たようで、積木を運んできたり、手渡ししたりする役割をもらって参加していました。

　全体として、それぞれが好きなように積み上げていたので、高さをそろえていなかったり不安定な部分が目立ちましたが、壊れては修復することを繰り返すうちに、互いに協力し合う姿が見られるようになりました。

協力し合って板を渡し、城壁を積み上げる

アングーラを瓦に見立てて屋根づくり

つなげるだけだが、なぜか難しい橋づくり

■ ポイント

　積木の空間で子どもが遊ぶことが少なくなったり、つくったものがいつまでもそのままの状態であったりする時、それは子どもがその空間にある道具に新鮮さを感じなくなっている時が多いようです。そんな時に、空間の壁に写真や絵、ポスターなどを貼ることが遊びのひらめきにつながり、また子どもが遊び始めたりします。

迫力のある絵ができそう

　この遊びでは、大阪城の写真からヒントを得て城づくりに着手し、興味関心の高まりとともに、実際の城の一部を見学にいって、工夫や技術に気づいて遊びに活かしていっています。見学という共通の体験をすることで、仲間と協働して遊ぶことにも発展していっています。

2. 構成（構造）遊び　大阪城づくり

富士山にのぼったよ
室内に砂をとりいれる

■ 経　過

　手先が不器用で、人間関係もなかなかうまくつくれない子どもがクラスにいました。その子が原因で、しばしば積木が壊れたりすることが続いたので、新しい素材の一つとして、積木よりも比較的子どもの思いどおりに形作れる砂の遊び道具をいれてみました。

　子どもたちは新しい道具の出現にすぐに反応し、富士山をつくり始め、水をバケツにく

砂の型抜き

砂をトラックにのせて工事現場へゴー！

砂をかためて水を注げば湖のできあがり

富士山をとりまく木々、湖など

んで出すと、湖をつくり始めました。子どもの遊びの位置取りの問題からか、最初はトラブルも起きていましたが、ちがう場所に移ってつくることを薦めるとスムーズに遊びは進行していきました。

■ ポイント

　遊びのなかで友だちとうまく関係を持てない子どもは、1人で遊ぶにも好きな遊びが見つからないことがよくあります。手先の不器用な子どもは、積木では、友だちの遊びを邪魔したり、壊したりします。

　けれども砂や水での遊びは、うまく積みあげることができない子どもにとっても、割と自由がきくようで、つくるということを楽しめるようです。室内にも砂や水を遊びのなかに取り入れることで、それが集中して遊ぶ経験となり、まわりから、そして保育者から良い評価を得ることで自信につながります。その自信は友だちと関わろうとする力にもつながります。

　保育者は子どものする行為を肯定的に援助することが大切です。たとえばこの砂遊びのセットの場合、机の上においてあげると、子ども同士の位置取りが自由にしやすくなるため、無駄なトラブルは減るかもしれません。

　砂、粘土で遊ぶことの魅力は、その物質が掌でいろいろな形を変えることを楽しめる点です。2～3歳にかけてよく見られる遊びで、練習遊びの一種だと考えてよいでしょう。しかし、この遊びは子どもは固執的になりやすく、いったんやりだすとやめられず、その行為を続けることで何となく安心してしまうという姿がよく見られます。

　実は、この遊びの前段としてもう1枚の写真があります。山づくりとは対照的な型抜きの城づくりの写真です。この、型を抜いて建物（城）つくりあげていこうという保育者の提案は、子どもにとって受け入れてもらえないという結果になりました。砂の特性を活かして手でこねて形づくるということに子どもたちは反応していったようです。

砂を型抜きすることで、積木のような使い方も

2. 構成（構造）遊び
室内に砂をとりいれる

第3部　さまざまな子どもの遊び　61

願いが叶いますように……
神社づくりと初詣

■ 経　過

　冬休みが終わり、保育園が始まった初日。子どもたちの話題は初詣についてでした。保育者は、その日子どもたちが帰ってから積木遊びの空間に神社の鈴緒に見立てた布を天井からつるしておきました。

　翌朝、子どもたちのなかでどんな会話が弾むかと楽しみにみていると、子どもたちの視線はやはり天井から吊り下がっている鈴緒に。そして、どこの神社に行ったとか、何をお願いしたとか、どんなお店が出ていたかなど、昨日以上に話が盛り上がっていました。鈴緒をさわってめずらしそうに天井を見上げる子ども、そして手を合わせてなにやらお願いしている子どももいました。

鈴緒に見立てた布をつるす

　そんななかで、年長児の男の子が、「お金入れないとお願い事してもだめ」と言い、そして他の年長児の女の子も「神社という大きな建物もないとだめ」と神社づくりの話は盛り上がっていきました。鈴緒の下にテーブルを用意してあげると、まず子どもたちはお賽銭箱をつくりました。役割遊びでお金としてつかっている牛乳のフタを持ってきて、早速お賽銭を入れて手を合わせている子どももいました。

　神社づくりは、初詣を経験している子どもがたくさんいたので、参加する子どももたくさんいました。イメージがふくらむように、有名な神社が載っている本を出しておきました。

　神社らしくなってくるとお参りにやってくる子どもも増えましたが、鈴なしの鈴緒だったため、鈴を持ってきたり、鈴を自分でつくる子どももい

早速、神社づくりが始まる

ました。鳥居もできあがり、神主さんが幣をふっていることなどの話題も出たので、道具に加えておくと、翌日には、神主になって遊ぶ子どもの姿が見られました。

　子どもの話題は、次におみくじについて盛り上がりました。おみくじの筒と竹ひご、紙を用意しておいてあげると、早速おみくじ屋さんをつくって、字のかける年長児の女の子が紙に「だいきち」などと書いていきました。

　みんなで散歩に出かけたとき、拾ってきた木の枝を神社の入り口にくくりつけました。おみくじをひいた子どもたちは、その木におみくじをくくるようになりました。遊びは1カ月ほど続き、年長児だけでなく、年中児、年少児も楽しんでいました。

お参りする人、神主さんになる人

鈴を鳴らしてお参りする

境内ではおみくじが売られる

■ ポイント

　お正月休みに家族で体験したことを再現した遊びです。この保育園のある地域は、全国でも有名な「灘の喧嘩祭り」がある地域です。子どもたちは、家族で神社に出かけることが習慣となっていることもあって、身近な体験として遊びに発展していったようです。子どもは遊びのなかで、普段は持てないお金を使うのは楽しいようです。現実にはできないことが遊びのなかでは何でもできます。子どもがしたいと思っていることは、実現することの喜びを感じることです。子どもにとって家族で過ごすことは一番の喜びであり、忘れることのできない思い出ではないでしょうか。

今年も良い年になりますように……

2. 構成（構造）遊び
神社づくりと初詣

第3部　さまざまな子どもの遊び

どんどん大きな水槽に
水族園と海遊館づくり

■ 経　過

　6月に遠足で子どもたちと水族園へ行きました。その際、海の生き物の生活を意識できるような話をクイズやなぞなぞなどにして遊びました。子どもの興味関心が高まっていったこともあったので、魚のおもちゃなどの道具を中心に用意しておきました。その後、水族園ごっこの遊びが続きました。水族園づくりはその遊びのなかの一つです。

　個々の子どもたちでそれぞれの小さな水族園をつくることから始まり、次に仲間同士で協力して大きいものをつくるようになっていきました。また、水族園ごっこや、水族園づくりと同じ流れで、自由画を描くときにもサメ・エイ・タコなどの折紙を楽しむようになり、できた作品は水族園に持っていって遊んだりしていました。

　また折紙を使った、水槽づくりも提案してみました。水槽に見立てた画用紙に、ビー玉に絵の具をつけたものを転がす。その上に魚の折紙を貼っていく。できあがった水槽は、壁面に貼り、部屋の雰囲気をつくっていきました。

遠足での共通体験がきっかけとなった水族園遊び。積木だけでなく、子どもの絵や折紙、大きな円筒を利用することで遊びがひろがっていった

水族園ごっこのなかにはイルカショーもありました。遠足でイルカショーを見ている時間が一番長かったせいもあり、印象が強かったようです。この遊びは水族園遊びが終わった後でも、ずっと遊ぶ子どもがいました。最初は水に見立てた布のまわりを囲ってプールをつくり、魚のフィギュアを入れているだけでしたが、いろいろと必要な道具の希望を保育者に伝えながら、輪をくぐるなどのイルカショーを再現していました。プールの正面には観客席がつくられ、お客さんも入り、平面から立体の遊びに変化していきました。

板積木でらせん階段をつくる。海遊館の大水槽を再現

海遊館のある天保山付近をつくる

　部屋全体の水族園遊びが進行するなか、折紙でつくった水槽の魚よりも、水族園にいる魚や実際の海にいる魚の種類はもっと多いことを子どもたちに伝え、魚の絵が描けるように画用紙、クレパス、ハサミ、のりを用意しておきました。そして、大きなダンボールも用意しました。子どもたちはそれらの素材、道具を使って、ダンボールに大きな水槽をつくっていきました。

　この部屋全体の水族園遊びはその後も続きましたが、ダンボールもつぶれてしまい、遊びもそのままなくなっていきました。その後、秋をこえて12月に入って、再び水族園にからんだ遊びが始まりました。今度はダンボールに塗る絵の具なども用意してみました。

　水槽の魚は前回は折紙が中心でしたが、今回は絵が多くなりました。前回よりも絵が上手になっていてびっくりしましたが、保護者からの話によると、夏段階での水族園ごっこが終わった後も、家で魚の本を見て描いたりしていたとのこと。できあがったダンボールは円筒状にされて、新たな水族園の中心に大水槽がつくられました。水族園づくりも、年末の大掃除で一旦片付けることになりましが、正月明けに再び水族園がつくられました。

　今度は、保育者が海遊館へ行った体験を話したところ、行ったことのある子どももいて、海遊館をつくろうというイメージができていきました。海遊館のなかへ入ることができるように筒型のダンボールを用意し、入り口を切り抜きました。また、海遊館のまわりの状況なども説明するとまわりの公園、周辺交通、町並みづくり、近くの観覧車などもつくっ

2. 構成（構造）遊び
水族園と海遊館づくり

2. 構成（構造）遊び　水族園と海遊館づくり

ていきました。

　絵本を参考にして、自分たちで描いた海の生き物の絵を筒状のダンボールに貼っていきました。海遊館（筒状ダンボール）のなかにも小さな水槽をつくり、また、海遊館のまわりにらせん階段をつくりました。

　海遊館の近くにある観覧車も、それぞれがつくる場所を分担してつなぎ合わせてつくりました。完成すると自分の好きな人形を乗せて遊び始めました。観覧車ができると他にもつくりたいものを考え出し、ジェットコースターをつくり、車をつくるのが好きな年長児が海遊館行きのバスがあると便利だという話をしてバスもできました。そのまま海遊館を中心とした街づくりはすすみ、港、船をつくって、海には客船も浮かびました。

　街ができあがってから、人形をつかって海遊館に行く遊び、遊園地での遊び、船にのって港に行く遊びなど、海遊館を中心とした遊びがその後も続きました。

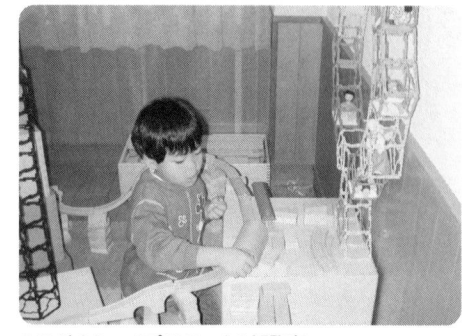

3Dジオシェイプスでつくる観覧車

円筒をくり抜いたことで、内側にも水槽ができる

■ ポイント

　子どもたちが、積木の空間のなかで1年間に何度も再現して遊んだことは、遊びのなかにいろんな素材に出会う楽しさや、折ったり、描いたりすることの変化があって、課題に取り組むことが楽しい再現遊びであったからではないでしょうか。積木と他の素材を組み合わせて遊ぶことで、新しい発見やつくりだす喜びを感じ、そこから友だちを受け入れることができるようになる子どももいます。観察することとそれを持続していくことは、子どもにとってとてもよい学習につながるものです。

楽しかった遠足
牧場づくり

■ 経　過

　牧場へ行って、牛の乳搾りや羊の餌やりなどの体験をし、緬羊舎、育成牛舎の見学をしました。その後、子どもたちの遊びのなかに、牧場での体験したことの再現が見られなかったので、保育者が動物というテーマを取り入れて、肉食動物、草食動物、空を飛ぶもの、水辺に住むものなどの種類分けをしたり、それぞれの餌や住処の特徴などについて話したりしました。その話を聞いてモチベートされた年長男児が1人でつくりました。

■ ポイント

　保育者が提案した牧場遊びを、クラスの1人の子どもが受け入れました。この遊びを見ると、保育者の話が取り入れられていることがわかります。子どもが遊び始めるためには何が不足しているのか、保育者と子どもの関係はどうなのか、他の多数の子どもはどうして遊ばなかったのかを考えてみる必要があります。

　子どもは保育者の提案を受け入れないときもあります。そんな時は、大人は新しい道具を一つ考え、積木などの道具に加えてみてはどうでしょうか。子どもが遊び始めるためのモチーフとして活躍するかもしれません。

めざせ大漁！
船づくりから航海へ

2. 構成（構造）遊び

船づくりから航海へ

■ 経　過

　積木遊びのなかで、交通遊び、電車、バス、飛行場などの遊びはよく見ることができましたが、船の遊びというのは、子どもたちも乗った経験が少ないせいか、なかなか見ることができませんでした。そこで、部屋の壁面に船、港などの写真を貼ったり、ヨットのカタログを出したりしてみました。子どもたちも興味を示して、それらを眺めていました。また、カードを使って、同じ船でも客船、タンカー、フェリー、潜水艦などの種類がある

船首づくり。円筒を一つずつ積み上げる根気のいる作業

慎重に最後の円筒を積み上げる

何度も倒れてはつくり直す手すり

「船にはキャビンがあって…」相談しながらつくります

ことを知っていきました。

　子どもたちの興味が高まっていったので、園の近くのヨットハーバーに出向き、実際の船の構造、港のしくみなどを見学しました。見学後、すぐに子どもたちから船をつくりたいという要望があり、船づくりが始まりました。

　早速、保育室の中央にあるロフトを船のデッキに見立てて、船首づくりが始まりました。高さ調節に苦心しながらすすめるなか、曲線と鋭角が含まれる船首をつくるためにロフト上から子どもが指示を出しながら作業はすすんでいました。手すりづくりにも苦労していたようで、何度も倒れてつくり直すなかで、いろいろと工夫を重ねてつくっていきました。

　船の形ができあがっていくと、船に乗ってどこへ行くのかという会話が始まります。「沖縄に行きたい」という案が出て、海に出たら泳ぐ、釣りをするなどの航海計画ができていきました。

　航海に出るということになって、船で生活することを想像したのか、船内（ロフト構造の下）に居住空間をつくりを始め、キッチン、バス、トイレなどをつくり、持ち物として海図、

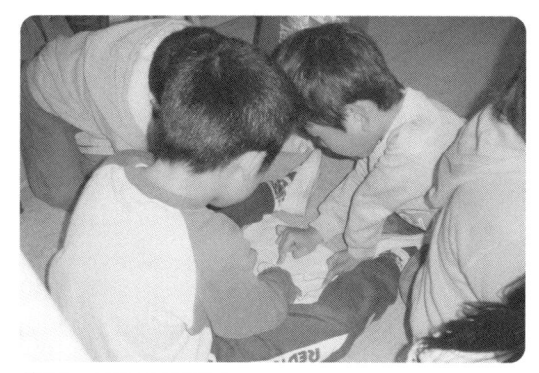

2. 構成（構造）遊び　船づくりから航海へ

どのルートでいくべきか？

船長さんと操縦士。「さあ、出発進行！」

いろいろな魚たちが海で泳ぐ

甲板から釣り糸を垂らし、どの魚が釣れるかな？

第3部　さまざまな子どもの遊び　　69

2. 構成（構造）遊び　船づくりから航海へ

釣竿、餌、バケツ、食料、ジュースなどが用意されていきました。舵はロフトの上と下に二つ設置され、ロフト上に釣りのスペースが確保されていきました。

　航海に必要なものがそろうと、船長役の子どもの合図とともに出航しました。青地に魚や貝の模様の布を床に敷き、その上に子どもたちがつくった魚、カニなどを置き、釣りを楽しんでいました。遊びをリードしているのは年長児でしたが、年中児、年少児の子どもたちも船内のキッチンで釣れた魚を料理したり、魚釣り、船の操縦を手伝って遊んでいました。普段、年長児の輪に入ることが少ない男の子も船づくりをしている子どもたちに誘われて一緒に手伝いながら遊べるようになり、関係も良くなっていきました。

釣ったカニを七輪で焼く

釣った魚をその場で食べる。格別！

■ ポイント

　この遊びの経過をみると、子どもが人と乗り物の関係を理解していながら、船（港）がない街をつくっているということに保育者が気づいたところから始まりました。子どもに船についての情報を伝えたり、見学したりと子どもたちの経験を補っています。この遊び、保育者は積木での街づくりということで、港、空港、バスターミナルなどが次々にできていくことを想像していたようですが、子どもたちの豊かな発想は、大きな船で家族や友だちとともに魚釣りの航海に出るという遊びになりました。

　幼児の役割遊びが大切なのは、世のなかにある役割を通して人間関係を再現して遊ぶことにあります。この遊びに参加している子どもたちにとって、この遊び自体が共通の体験となり、集団性を学ぶことにもつながっています。

どうしたらくずれないかな？
かまくらづくり

■ 経　過

　年少、年中、年長と積木遊びを通して、積木の技術的な課題をほとんどクリアーした子どもたち。そのせいもあって、積木遊びにあまり取り組まないという場面も見られるようになりました。そこで、新しい課題として、板積木を加えてみました。すると、何をつくろうかという会話があって、かまくらをつくりたいという案が出ました。まず曲線をうまくつくれるようになるまで苦労しました。また、かまくらの大きさと積木の数の調整が大変ですべての積木を使い切ってしまうこともありました。曲線をつくっていく積み木の技術については、保育者も自宅に積木を持ち帰って練習し、子どもが困っているときなど、遊びに加わって積み方を示していくこともありました。そうするうちに、子どもたちも技術を習得していき、最終的には子どもたちだけでつくることができました。最後の段階では、テーブルを抑える子、渡す子、積む子と役割分担をしながらつくっていました。写真の積木は、10人ぐらいの子どもが加わり、1週間ほどで完成することができたものです。

■ ポイント

　これは北海道にある園の実践例です。寒さの厳しい冬を楽しく過ごすために大人も子どもも楽しみ方を考えています。冬の遊びをすることで、新しく訪れる春を待ち望んでいるのです。積木遊びについては、園での3年間の生活で、いろいろな積木や素材をあつかうことを経験し、子どもの技術も十分に育ったというときには、少し難しい事への挑戦として、板積木などの複雑な造形を可能にする積木を追加してみるのが良いと思います。この積木、バランスをとって子どもたちが協力し合うことがなければ完成しないものです。積木遊びは、つくり上げることで喜びを得ることができるのですが、この積木の場合、その喜びは友だちと共有できるものとなるのです。

クラスのみんながお参りする

三重の塔づくり

■ 経　過

　ちょうど秋の紅葉がきれいだったこともあって、法華山一乗寺に遠足に行くことになりました。そこで、子どもたちに三重の塔は約800年前の建築法であること、また釘が一つも使われていないことを伝えました。子どもたちにとって、釘を使っていないという話はかなり印象が強かったようで、帰ってきてからもその話題が続き、「僕、宮大工になる！」という子どもまでいたりして、その流れで三重の塔づくりが始まりました。

　主に年長児の男の子たち4人ほどが中心となってつくりましたが、入れ代わり立ち代わり、年中児も参加してクラスのほとんどが参加しました。参加した子どものなかに、父親が大工をしている子どもがいて、大工には棟梁がいること、棟梁の指示のもとで仕事が展開していくことを知り、実際に棟梁の役をやる子どもが出てきてました。棟梁から「みんな、休憩時間にするよ」という指示が出ると、台所の空間ですすんでいた別の遊びである「お弁当屋さん」にお弁当を買いに行き、昼食と休憩をとり、また棟梁の指示で作業に戻ったりしていました。

　全体的には年中児と年長児が合同でつくっていましたが、年長児が外に行っている間に年中児の子どもだけで作業をすすめるということもありました。その際、年中児に比べて作業レベルが低いことから、年長児が帰ってきて進行した作業部分を見て、「イメージがちがう」などと不満を言うこともありました。ただ、せっかくつくってくれたということも理解できたようで、その部分は修正することなくそのままつくっていきました。

　高い部分の作業をするときも、土台をテーブルといすを組み合わせて自分たちでつくり、作業の分担（三脚にのぼって高い部分を積む人、その人に積み木を渡す人）についても、自分たちで役割分担を行っていきました。クラス全体に三重の塔づくりに気を配る雰囲気ができていました。

　三重の部分をつくる際、子どもから板がほしいという要望があったので用意すると、のこ

ぎりでサイズを調整しながら、実際に積んである積木の幅に合わせて作業がすすんでいきました。また、お地蔵さんづくりにはクラスにあったちょうどいいサイズの石が使われました。

実際に法華山一乗寺に行ったときには、お参りもして、おみくじや絵馬の売り場もあったので、その役割遊びにも発展していきました。この遊びは年内ずっと続きました。遠足に行ったときの光景をみて、三重の塔が出来上がった後にそういった遊びに展開するだろうとある程度予想していたので、おみくじ引きの筒や、絵馬づくりなどの材料も用意しました。他の遊びの場所で、ある子どもたちが毛糸で指編みをしていたとき、たまたまそれを見た子どもが「お守りになる、これもいれよう」と言い出し、お守りづくりとお守りを売るという遊びにもつながっていきました。

おみくじと絵馬の売り場

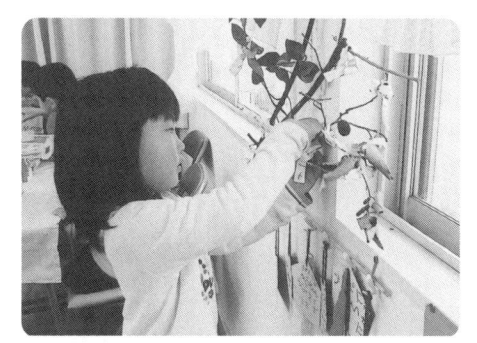

おみくじをくくり、絵馬をつるす

2. 構成（構造）遊び
三重の塔づくり

■ ポイント

この遊びは、三重の塔を「つくる」という部分より、内面的なことに注目するとおもしろいと思います。父親の仕事を再現するなかには、その仕事場に行く体験や父親との関係が深く、子どもが同化(模倣)するといった背景があることが理解できます。

役を分担し仕事を指示することで、イニシアチブをとったり、またそれを引き受けることのできる年長児の仲間関係はすばらしいといえます。

この遊びからは、見えない部分で夫婦愛やいたわりも感じられました。この遊びの隣では、弁当屋とともに美容院の夫婦の役割遊びが展開されていました。その美容院の夫が、客が来なくなったので、「僕、お参りに行ってくる」と三重の塔へお参りに行き、おみくじを引いて、弁当を2個買って美容院へと帰っていきました。夫婦2人でお弁当を食べているのがとても印象的でした。

さまざまな積木遊び

2．構成（構造）遊び　さまざまな積木遊び

お城。室内が見える構造で、大広間にて晩餐会が催されている

アンコールワット。世界の建物の写真を見て

城壁のあるお城。中央の入口と門番が印象的

円をえがき、中庭がつくられたお城

冬のお城。綿で雪化粧されている

ヨーロッパの駅。真ん中のクロス構造が美しい

豪華客船。中央の机がうまく利用されている

花火大会の再現。打ち上げ花火は3Dジオシェイプスで表現

神社。小さいが手洗い場とおみくじ売り場もつくられている

法隆寺。年長児だけでつくる完成度の高さがうかがえる

2. 構成（構造）遊び

さまざまな積木遊び

第3部　さまざまな子どもの遊び　　75

3. 役割遊び

　役割遊びは、役を演じることで成り立つ遊びで、大人の模倣から始まります。模倣遊び、世話遊び、レストラン、病院ごっこなどがあります。

　子どもは自分にとって大切な人、つまり両親や保育者をモデルにすることが多く、大切な人のふるまいや行動を模倣するだけでなく、その人に同化して、感情や言葉をも模倣します。根底には子どものコミュニケーションへの欲求があります。

　子どもは、まず、お母さんの模倣をします。しかし、そこに人形がないとこの遊びは始まりません。そして父親の模倣はいろいろな職業の模倣となっていきます。自分が家庭や地域や保育園で体験した、いろいろな楽しかった出来事を再現して遊ぶことが大きな喜びになっていきます。1人で遊ぶことから仲間と共通の体験をすることで人間関係もひろがり、大きな集団への参加が可能になります。体験が増えることで、社会と自分との関係を結びつけて考えることができるようになり、社会に適応していく力が育っていきます。

　役割遊びは、乳児期の体験を再現すること（世話遊びなど）から始まりますが、幼児期になると、子どもは体験したことの再現だけでなく、未知の体験の役割を理解し、遊べるように努力します。役割遊びは人格のすべての面、技能の発達、知識の獲得に向けて練習することを可能にするのです。そして、人と社会にあるものを関連づけて考えるようになり、社会に適応する態度、習慣、言葉を獲得することができます。

　子どもはいろんな遊びを通してこのようなことを学んでいきます。しかし、この学びも子どもにとってはいつも楽しい遊びでなくてはいけません。とくに役割遊びが自発的に始まるための保育者の援助には、①適切な道具を準備する、②遊びの空間を整える、③アイデアを出してあげる、④一緒に遊んであげる（モデルの提供）などがあります。

　役割遊びのなかでは、子どもは二重の意識を持っています。たとえば、病院ごっこでの患者の役の子どもは怪我をして救急車で運ばれ手術をしてもらいます。その子どもは「いたい、いたい」と泣きながらも、遊びに参加している喜びも感じています。また、道具を何かに見立てるということも二重の意識の一つです。積木とわかっている自分がいる一方で、それを電話と思って遊ぶ自分もいるのです。

　役割遊びの実践例については、77〜96頁にまとめました。子どもたちの会話を想像しながらみていきましょう。

先生、急患です
病院ごっこ

■ 経　過

　子どもたちは1年を通して病院ごっこをして遊びます。そのなかで、この年の病院ごっこは10〜11月あたりがピークになりました。

　子どもたちの健診の体験に合わせて、身体の絵本を読んであげたり、道具を揃えておいたことがきっかけで始まりました。最初は診察室だけができて、看護婦さん2人と受付1人、先生1人という状態でしたが、病院についてくわしい女の子（テレビドラマから知識を得ていたようです）がリードする形で遊びは展開していきました。まず、診察室だけの病院に、薬の調剤室ができました。

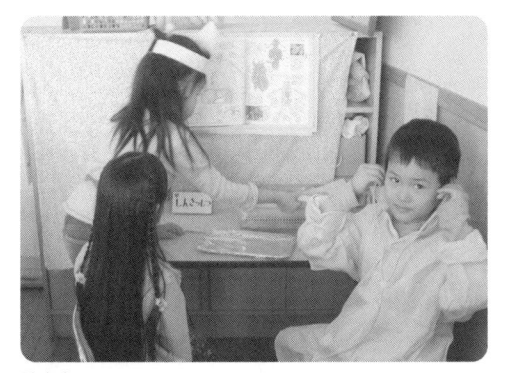

診察室にて

薬の調合室では薬がどんどんつくられます

　薬の調剤室ができるであろうことを、子どもたちの会話から予想できたので、薬の袋や容器など、保護者から集めたりして用意していきました。以前に絵の具で色を混ぜる遊びをしたとき、その混ぜた色が小児用の飲み薬に似ているという会話がありました。そのことを子どもたちは覚えていたようで、薬の調合をするときには絵の具を使って混ぜていくようになりました。飲み薬以外にも、薬の種類はたくさんあることを教えると、画用紙と小袋を使って粉薬づくりも始まりました。

　次に、リーダーの女の子が、病院にはレントゲン室もあると言ったことでレントゲン室もつくられました。レントゲンについての知識は全員の子どもになかったようなので、レ

3. 役割遊び
病院ごっこ

ントゲン撮影をすると、身体が透けてどのように見えるのかを教えました。病院ごっこは毎年行う遊びの一つなので、遊びの空間も、いろんな病院機能が増えていくことを予想して、診察室だけの遊びの段階から、フリースペースや机などの遊び空間を用意できるようにして、遊びのひろがりにすぐに対応できるようにしておきました。

診察室の隣のレントゲン室

この段階までは、ほとんどが女の子だけで遊んでいましたが、ついたてを救急車として見立てて用意すると、男の子も参加して救急車の病院搬送の遊びが始まりました。救急患者の出現によって、運んだ患者を手術しなくてはいけないということになり、子どもから手術室をつくってほしいという要望が出ました。手術室の空間をつくり、早速手術が始まったのですが、子どもたちは麻酔のことを知りませんでした。麻酔について保育者が教えることで、手術前には注射器などを使って麻酔を行うようになりました。手術セットについては、型紙に銀紙をまいたナイフなどを用意して、執刀医は手袋をすることも教えてあげました。

手術される患者が出ると、次に入院施設が必要になりました。点滴については、ほとんどの子どもが体験ずみだったようで、すぐに点滴セットの道具がほしいとの要望がありました。

入院患者の食事については、クラスの反対の空間ですすんでいたレストラン遊びの厨房が病院食づくりにも対応してくれていました。そこで、病院食の献立表を保育者がつくって用意しておくと、レストランの厨房スタッフはそれを見て、献立に合わせた病院食をつくり始めていました。

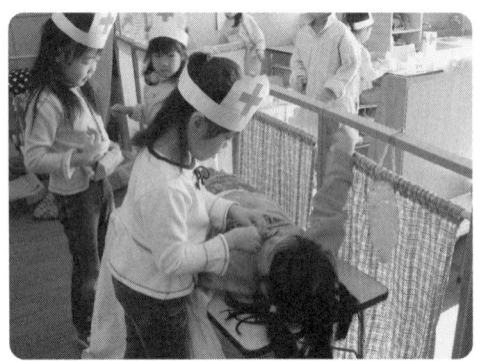

緊急手術中

病院食の献立づくり

3. 病院ごっこ 役割遊び

■ ポイント

　医者と患者との役割遊びから病院という機能がひろがり、そこに人がどう関わっているかも知っていきます。遊びのなかでは、子どもは患者として泣いて、遊びの参加者としては、喜びを感じています。役を引き受けることを通して、特定のふるまい、行動、交流などの様式、習慣、ルールなどを子どもたちは知っていきます。問診があり、診察があり、検査のためのレントゲンがあり、薬をもらって、手術して、入院となる流れを知っていくわけです。

　年少児では、世話遊びの空間から出て人形を使った小児科の病院遊びがみられますが、ここからさまざまな機能をもった総合病院へ、そして今回の例のように救急車の存在で救急医療病院へと遊びも発展していくのです。病院ごっこはいろいろと発展していく遊びの典型例です。

　お医者さんという職業についての知識がかなり深まってくると、学会発表のような遊びにも展開していきます。

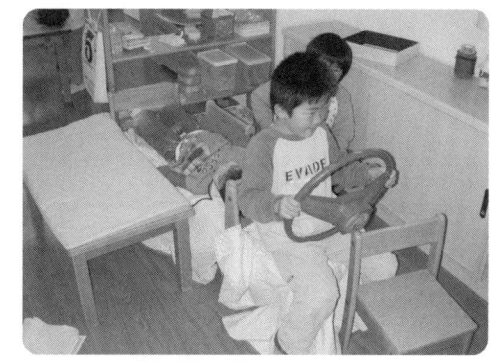

救急車の出現で、病院の機能はまたひろがる

お医者さんの学会発表

3. 役割遊び　病院ごっこ

第3部　さまざまな子どもの遊び　79

生クリームたっぷり！
ケーキ屋さん

■ 経　過

　この遊びの前に、子どもたちはお弁当屋さんの遊びをしていました。それに子どもたちが飽きてきた頃、次は何をしようかという会話があり、クリスマスシーズンだったこともあって、ケーキ屋さんをつくりたいということになりました。

　お弁当屋さんとちがうケーキ屋さんの環境に合わせて、つくるところ、食べるところ、持ち帰りのところと空間を分けると、すぐに遊びが始まりました。遊びの始まりとともに、子どもたちは台所にある道具を、ケーキ屋さんに必要なものと必要でないものに分けていきました。ケーキづくりの材料については、生地類などいろいろなケーキに見立てやすいものを用意しました。ケーキの箱などは子どもたちが家から持ってきていました。

　子どもたちのケーキ屋さんについての興味・関心が高まっていることもあったので、実際にケーキ屋さんを見ることができないかと、近くのケーキ屋さんに問い合わせてみたところ了解してくれました。見学の時には、自分たちもケーキ屋さん遊びをしていることもあり、材料や機材の使い方などについて子どもたちから多くの質問が出ていました。

　見学後、園に帰ってから、この冷蔵庫ではダメだ、あの機械が必要だなどと、とくに年長児を中心に積極的になっていきました。ケーキ屋さんを開店していて、お客さんとして遊びに参加してくれる子どもが少ないときに「なんでお客さん来ないのかな？」と聞いてみたりすると、「店が汚いからだ」といって整理し始めたり、「サービスが悪いからだ」といって、お弁当屋さんで体験していたスタン

きれいに並べて飾りつけ

3. 役割遊び　ケーキ屋さん

プカードなどを導入したりして、子どもなりの経営努力をしていました。

　ケーキ屋さんのなかでの作業も混乱が起きないように、年長児が中心となって、厨房、レジ、ホールと作業を分担していきました。その後、ケーキづくりにもこだわりが出始め、以前実際に年長児がホイップを使ってクリスマスケーキをつくって食べた経験も生かして、スライムや小麦粉粘土などを使ってつくり始めました。

■ ポイント

　役割遊びの本質的な特徴は模倣です。子どもは遊びのなかで一つのパターンを真似ます。パターンのさまざまな面や特徴を一つにして模倣します。

　自分にとって大切な人や自分がしたいことを真似て遊び、その役を交代することもあります。そのことによって子どものなかに育つものは、①人に積極的になれる、②社会に適応していく、③ふるまいを身につけることができる、④言葉や感情が発達するなどです。人間関係を発達させるには、役割遊びがいかに良いかということが理解できると思います。

「はい、おつりです。ありがとうございました。」

スタンプカードでサービス向上

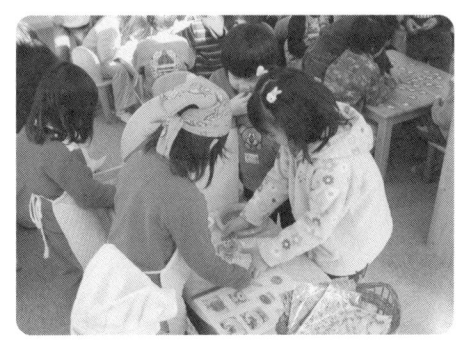

ケーキの注文を受ける

店内で食べる。「お飲み物は何にしますか？」

3. 役割遊び　ケーキ屋さん

第3部　さまざまな子どもの遊び　81

不思議な虫がたくさんいるよ
昆虫館ごっこ

■ 経　過

　遊びの中心は、クラスのなかの昆虫好きの男の子。夏に、セミやカマキリを見たり捕ったりした経験もあったせいか、積木遊びのなかにセミの家をつくったりしていました。昆虫に興味があるようだったので、保育者が昆虫館をつくることを提案してみました。

　すぐに、昆虫好きの子どもを中心に男の子4～5人で昆虫館のパンフレットを参考にしながら、昆虫館をつくり始めました。保育室に舞台があったので、他の遊びとは独立させて、その上に昆虫館をつくることになりました。

　子どもたちは、チケットの受付などもつくっていきました。その時の天井はネットを張ったものでした。昆虫館のなかの虫づくりはクラス全員でやっていました。

　遊びがすすんでいくなかで、館長は誰がやるのかという話になりました。保育者が「虫に詳しい人がなったりするよ」と伝えると、まわりの子どもから、遊びの中心でもあった虫好きの子どもが良いという意見が出て、彼がそのまま館長に就任することになりました。昆虫館のパンフレットをもって、「昆虫館を見に来て」とクラスの他の子どもに宣伝してまわったり、昆虫館とは何かといったことを説明したりしていました。

　夏の段階では、男の子が中心になって遊

入場の際にはチケットを

トンボをじっくりと観察する

んでいましたが、冬になってまた始まった昆虫館遊びの際に、保育者が「天道虫は冬は草むらや木の隙間に集団で寝ているんだよ」と女の子に伝えたところ、今回は積極的に遊びに参加していました。子どもたちも、昆虫館遊びについて体験ずみということもあって、館内見学する際に前回よりも細かな部分を再現し始め、パンフレットと飾られた虫を見比べたり、虫を観察しようとしたりといった雰囲気がより強まっていました。

虫について友だちといっしょに勉強中

他の遊びの空間で家族の遊びをしていた子どもたちも、「今日は、昆虫館に遊びに行こう」と言いながら、家族で遊びに出かけるといったことも見られるようになりました。

これは何ていう虫なの？

■ ポイント

　保育者の提案も、子どもの何かの体験に結びつくときには子どもは喜んで受け入れ、自分たちの遊びとして発展させていきます。保育者からの提案は子どもの保育園での体験にも結びつけることができます。

　役割遊びをしているなかで、保育者は、どの子にどんな経験が不足しているかを知ることができます。また、どんな絵本や図鑑を見ることで子どもの知識をひろげられるかを知ることができます。

第3部　さまざまな子どもの遊び　83

おてがみとどくかな
郵便屋さん

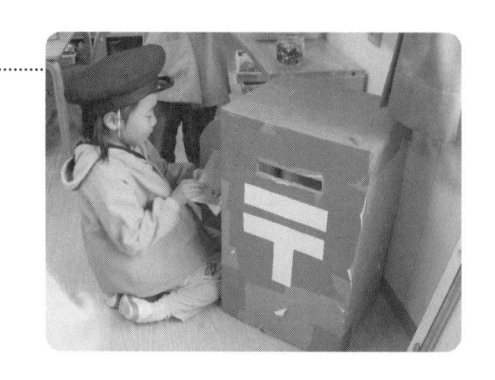

■ 経　過

　お正月に年賀状を出したりもらったりを経験した子どもたち。この機会に郵便がどのようにして相手の人に届くかについて少し話をしました。その後で、葉書用の紙、切手用のシール、スタンプ、そしてはんこを用意しておくと、机に受付を設置して郵便局ができました。しかし、最初はみんながスタンプを押す人になっていたので、郵便局は他にもいろいろな仕事があることを話しました。去年、子どもたちとつくった郵便ポストを出して設置すると、早速ポストに手紙を出しに行くようになりました。けれども、切手を貼っていなかったり、宛名が書かれていなかったりと、小さい子どもには仕組みを理解するのは少し難しいようでした。そこで、字のかけない子どもは絵を描き、宛名は年長児や保育者に書いてもらうようにお願いしました。ポストに入れた手紙がいっぱいたまってきたので、保育者が「これは誰が郵便屋さんになって届けてくれるの？」と聞いてみると、年長児が帽子をかぶり、カバンを持ってきて宛名を見ながら配達し始めました。手紙の届け先は最初は部屋のなかのお友だちから始まって、だんだんと他のクラスのお友だちにまでひろがっていきました。

　1月の下旬には、年長児だけで、郵便局へ見学に行きました。郵便番号別に手紙を振り分ける機械や消印を押す機械を見たり、郵便

お客の封筒にスタンプを押す郵便局員

お友だちに手紙を出す

3. 役割遊び　郵便屋さん

物が送り主から受け取り主までどのようにして届けられるかなどの説明を受けることで、さらに知識を深めて帰りました。園に帰るとすぐに、積木で手紙の振り分け用の機械をつくり始めていました。

「○○さんですか？ゆうびんです！」

■ ポイント

　1年間のある時期に必ず子どもたちが始める遊びがあります。この郵便屋さんごっこも、年賀状に関係する12〜1月の遊びといえます。どの園においても、このようにクラスにずっと受け継がれていく伝統的遊びがあると思います。

　この郵便屋さん遊びの発展の過程を、保育者と子どもの動きに分けて順を追って見てみましょう。

子ども①　冬休み中の年賀状を書いた、もらったの体験。
保育者①　子どもからもらった年賀状がどのように保育者に届いたかを話す。
保育者②　紙、シール、スタンプなど道具を用意する。
子ども②　紙にスタンプを押す遊びをする。
保育者③　ポストという新しい道具を追加する。
子ども③　紙にスタンプを押してポストに入れ、ポストがいっぱいになる。
保育者④　誰かが配達する必要があることを提案。
子ども④　クラスの仲間や他のクラスの人に配る。
保育者⑤　子どもの認識をひろげるために、共通の体験として郵便局へ見学に行く。
子ども⑤　郵便局で働いている人や、配達までの経過を遊びで再現して遊ぶ。

　保育者が子どもの遊びの経過をみながら援助していることがよくわかります。その一つとして、遠足や社会見学を計画することも保育者にとっては大切な援助といえます。

3. 役割遊び　郵便屋さん

第3部　さまざまな子どもの遊び

本官、パトロール中！
おまわりさん

■ 経　過

　おまわりさんのシンボルである帽子を道具に加えたところ、この遊びが始まりました。最初、「おまわりさん」＝「泥棒を捕まえる人」という認識しか子どもにはなく、追いかけっこが始まり、走り回って興奮する姿が見られたので、職業カードなどを交えて交番の主な仕事（道案内、住民調査、パトロール）などを伝えました。また、交番を設置して、ダンボールでパトカーをつくりました。

　その交番を中心に、子どもたちは交代でパトロールに出かけ、道案内をするようになりました。パソコンのキーボードに、クラスの子どもの一覧を加えることで、それを見ながらの名前データを入力する作業の役割も生まれていきました。

　当初、子どものなかに動きたいという欲求があったようですが、パトロール遊びのなか

地図をみながら道案内

にクラスを巡回するという動きがあることで満たされて、遊びのなかに人との関わりも増えていったようでした。

まわりの子どももこれに呼応して遊びに参加していきました。

■ ポイント

　追いかけっこの遊びをよくする子どもにとっては、その子どもから人に積極的に関わり、関係をもっていくということよりも、動いていること自体が楽しいようです。しかし、この子どもが、おまわりさんや運転手さんなどの帽子というシンボルを身につけることで、遊びのなかで他の子どもからこの子どもに関係をもとうとするアプローチが生まれます。パトロールをしているときに、「おまわりさん、ここに無断で車をとめているんですけど……」「迷子になってしまったんですが」などと声をかけてもらえます。仕事の内容をわかっていくことで、人との関係のなかで遊べるようになっていきます。他の子どもとのコミュニケーションのなかに自分の遊びを見出し、発展させていくのです。

　おまわりさんの遊びは、さらに発展していくと、警察、交通の仕事がより細かく出るようになります。

　私の園では、宝塚市の警察署に見学にいく機会を設けています。子どもたちは園から路線バスに乗って警察の手前の停留所で降ります。すると、そこにはいつも交通課のおまわりさんが迎えにきてくれています。そこから警察署まで、みんなで歩いていくのですが、その途中でおまわりさんに交通のルールを教えてもらいます。横断歩道も右左右とみて、手をあげて安全を確認してわたることをおまわりさんは示してくれます。署に着くと、署内を案内してもらい、いろいろな仕事の説明を受けて、パトカーに乗せてもらったり、白バイに乗せてもらったり、交通整理の実演を見せてもらったりします。帰りがけには、子どもたち一人ひとりの名前の入った免許証をもらえます。

　子どもたちはこれを首にかけて、来る途中に教えてもらった交通ルールを守りながら保育園へと帰っていきます。

きれいにしなくちゃ
水をとりいれた遊び

■ ポイント

　室内での遊びに水を取り入れるのも良いアイデアの一つですが、保育者にとってはかなり勇気のいることかもしれません。しかし情緒の不安定な子どもにとっては、水を受け入れて遊ぶことで落ち着くことがよくあります。また、遊びのなかで水の扱い方を理解することによって、手洗いなど生活の場においても、水がこぼれたときの後始末を自然にできるなど、習慣を身につけるのも早いのです。

　たとえば年少児では、スポンジを用いることで、遊びの行為を容易にできます。年長児ともなれば、部屋を掃除したり保育者の手伝いをしたりする際に水を使う行為が喜びとなるのです。保育園での生活の一部を保育者と子どもが協働して、過ごせることはとても大きな喜びとなります。

閉店後の後片付け

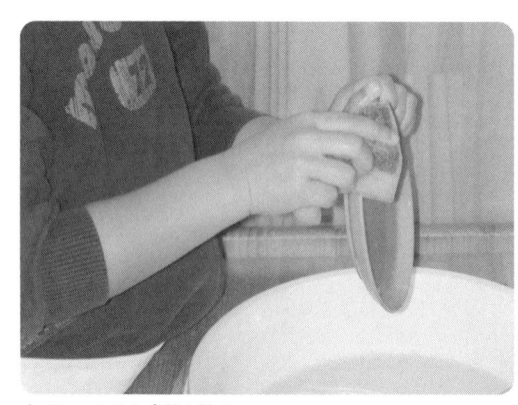

水でしっかりと食器を洗う

お客さんが帰ったら後片付け

赤ちゃんをお風呂に入れる

① 浴槽にお湯を入れる

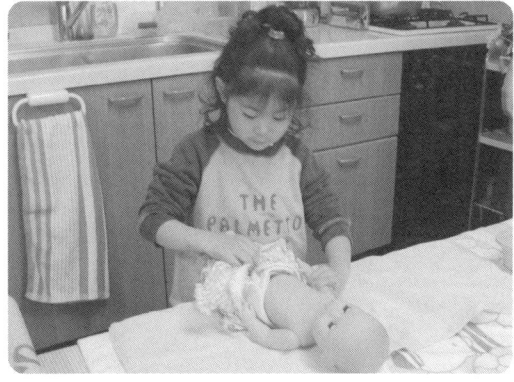

② テルちゃん、お風呂に入ろうね

③ ほーら気持ちいいね

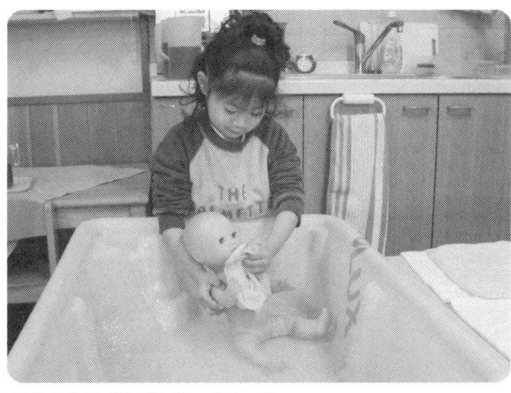

④ タオルでゴシゴシ洗いましょう

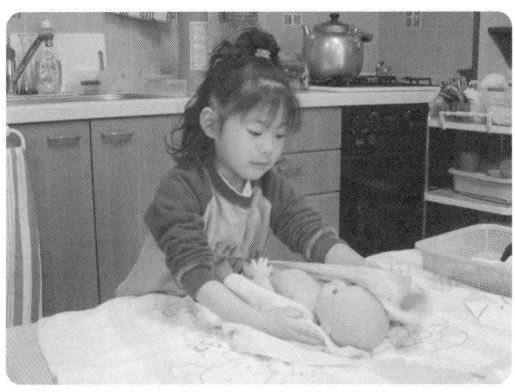

⑤ 気持ちよかったね、きれいになったよ

⑥ お耳もきれいにしようね

3. 役割遊び

水をとりいれた遊び

わたしをきれいにうつしてね
衣装屋さん

■ 経　過

　七五三のお祝いで、衣装屋で写真をとってもらった子どもがそのときの話を保育者にしていました。話を聞いた保育者が、道具（カメラ、いろいろなドレスなど）を用意したことで遊びに発展していきました。

　その子どもが中心になり、写真係、衣装係と役割分担しながら、遊びは進行していきました。

　2日目もその遊びは始まりましたが、トラブルが起こりました。1日目にリーダーシップをとっていた子どもが、1人のお客を呼び、衣装をつけて、美容院にいって化粧をして、写真をとるという遊びをしようとしていたところに、別の子どもがお客としてではなく、ただ単に衣装に興味をもって寄ってきて、その衣装をとりあげようとしました。後から来た子どもは、普段から立場も強く、そのまま強引に衣装を着ようとしたことで、衣装をとられそうになった子どもが泣き出し、遊びが止まってしまいました。しばらく様子を見た保育者は、両者の言い分を聞いてなだめようとしましたが、結局遊びはそのまま再開できないまま終わってしまいました。

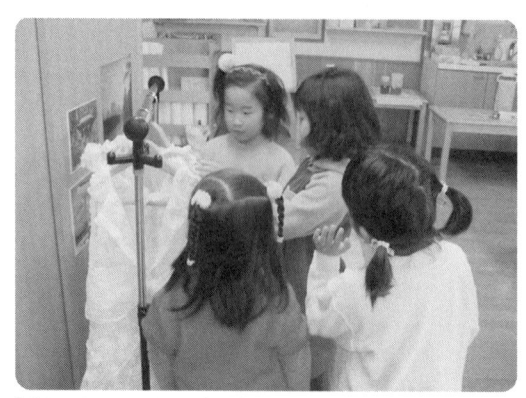

「どれになさいますか？」お客にドレスを選んでもらう

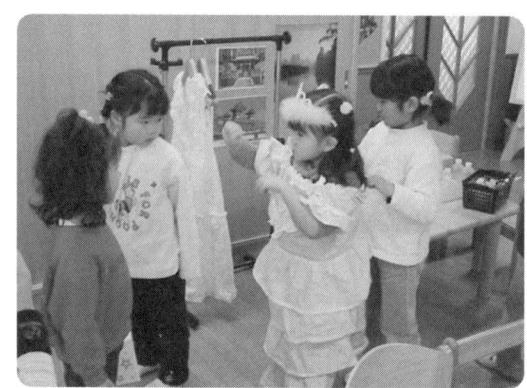

「どう？似合ってる？」着付担当がドレスを着せる

■ ポイント

　役割遊びのなかでのトラブル解決として、まず、その遊びが終わってしまうことのないようにすることを保育者は考える必要があります。子どもが長い時間泣く、相手に暴言を吐くなどしていると、怒りの感情がコントロールできなくなってしまうからです。そうなってしまうと保育者がなだめて言い分を聞いてあげて、感情が静まったと思っても、その感情はまたすぐ表れやすいので、後にトラブルが続くことになります。

　では保育者はどう助ければよいのでしょうか。一つに、「その遊びのなかの何かの役を保育者が引き受けながら、子どものファンタジーのなかで助ける」という方法があります。たとえば、この場合、年少児の子どもをつれてその場へ行き、「すいません、この子の頭のセットをすぐにしてくださいませんか。時間がなくて急いでいるんですが……」と言うことも効果的かもしれません。遊びを止めることなく解決できるかもしれません。

　トラブルは起きたらすぐに助けることが大切です。そうすることで、子どもも感情のコントロールをすぐにできて、その後のトラブル回避につながります。今回の場合に用いられた「現実的に大人としての保育者が介入し、言い分を聞き分けて助ける」という解決方法は、この場合では適さなかったようです。

　しかし、人を傷つけたり、誹謗中傷したり、人を陥れるといったことが見られる場合には、保育者が大人として毅然とした態度をもって子どもに接する必要があると思います。

3. 役割遊び　衣装屋さん

どんなヘアースタイルにいたしましょうか？
美容師さん

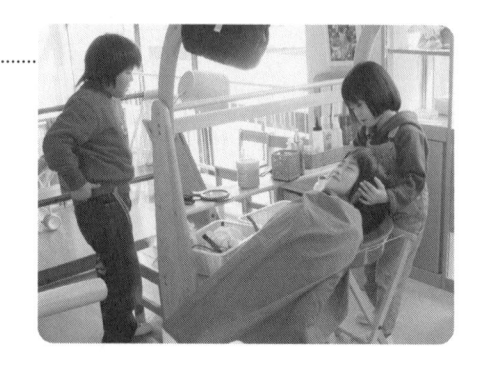

■ 経　過

　美容院ごっこは、子どもたちが普段からよくしている遊びです。受付、カットをする人、シャンプーをする人に役は分かれていますが、遊びもあまり発展しなくなってきたので、常に出している道具に、カーラーと頭にかぶせるタイプのドライヤーをつくって新たに加えてみました。すると、まず女の子たちが遊び始め、店のなかの空間もつくり始めました。

　クラスに両親が美容院をしている子どもがいるので、その子にお店のなかの様子を聞きながら遊びをすすめていました。

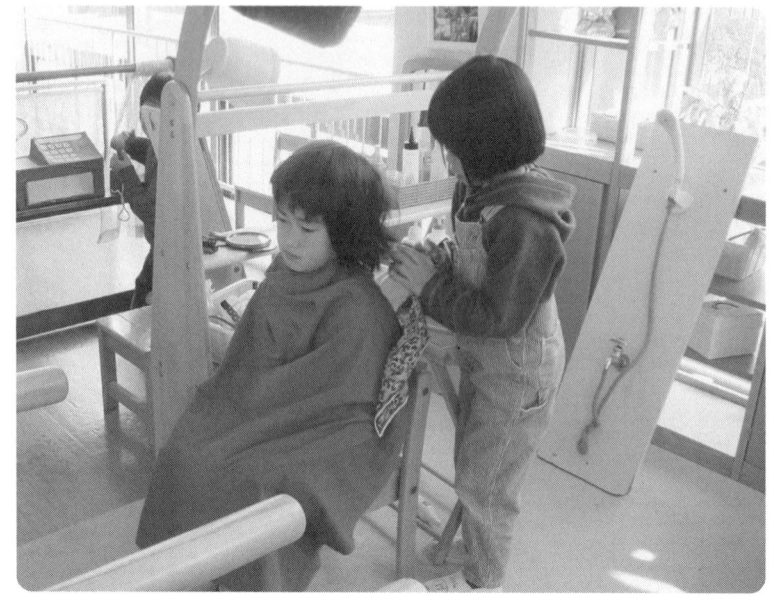

髪の長さを尋ねながらカット

■ **ポイント**

　新しい道具を出したことによって、遊びが発展していきました。

　鏡、髪飾り、クシなどがあると子どもは人形の髪をといたり、リボンを結んだり、そして自分の髪をといたりと遊んで楽しみます。そして、友だちが髪を飾ったりするようになると、美容院ごっこのような役のある遊びへと発展していきます。

　女の子がきれいにしたい、きれいになりたいと願うのは、お母さんやまわりの女の人がモデルとなっているのでしょう。変身することについては、女の子はお姫さま、男の子はテレビのキャラクターのような形で表れることが多いようです。

　テレビごっこをする男の子が多いと保育者は困ってしまいますが、ただやめさせるだけでは効果はないと思います。最近の子どもにとっては、テレビを通じて体験することが多いので、冒険などをする絵本の読み聞かせやおはなしで男の子のファンタジーをひろげてあげてほしいと思います。また、そんな男の子は身体を動かしたい欲求が強いので、室内で動きをともなう遊びの提案をしてみましょう。

ネイルアート。色やデザインをお客と相談

レジでの清算

かわいい女の子ですよ
妊婦さん

■ 経 過

　今年度のクラス担任は男女のペアです。今まで男性の保育者が園にいなかったせいもあり、年長児の女の子たちが男性の保育者を意識してふるまう様子がうかがわれました。そのため、男女のちがいを子どもたちに少しずつ知らせていくという機会を持つことになりました。女性は赤ちゃんを産むということを教える際に、クラスの子どもの親御さんに妊

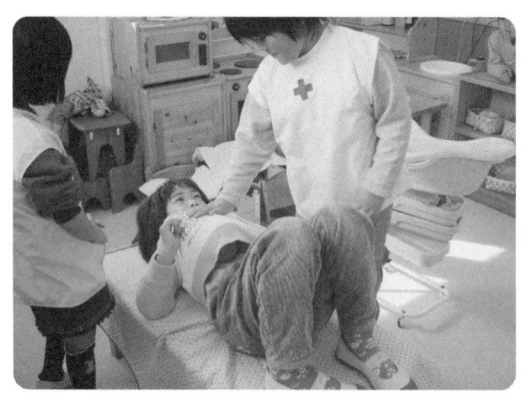

もうそろそろ産まれそうですね

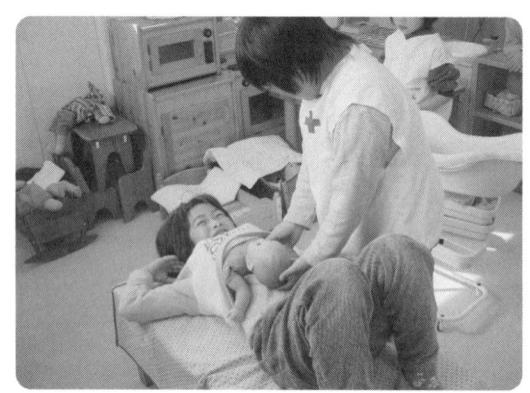

赤ちゃん、出てきましたよ

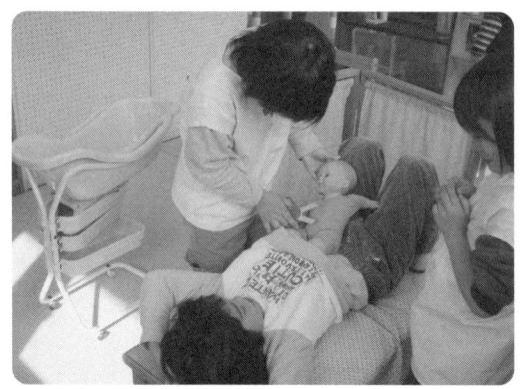

へその緒を切ります

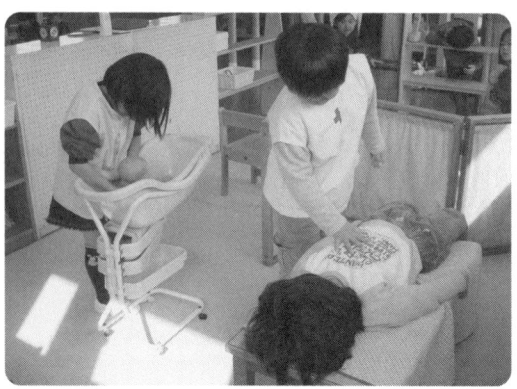

赤ちゃんを産湯につける

娠している人がいらっしゃったので、お願いして部屋に来ていただき、お腹のなかの赤ちゃんの様子、どうやって産まれてくるかなどの話をしていただいたり、お腹をさわらせてもらったりしました。

　子どもたちも少しずつ興味をもち始めたので、『赤ちゃんはこうしてできる』『ぼくのいもうとがうまれた』といった絵本を出しておきました。

　そこから妊婦さんの遊びが始まりました。赤ちゃんは頭から産まれてくること、へその緒を切ることなど、自分たちのお母さんから聞いたことが、遊びのなかで表れていきました。

■ ポイント

　クラスの子どものお母さんで妊娠している方をゲストとして招待して、お腹のなかの赤ちゃんの様子を聞いたり、お腹にさわらせてもらったり、心臓の音を聞かせてもらったりと、見えないけれども確かに命が育っていることを感じることは、とても重要で大切な体験だといえます。

　子どもたちをみていると、年中児ぐらいになれば男女のちがいに興味をもつことがわかります。いつも決まった女の子を泣かせるとか、いろいろな形で表れていることがあります。大人が産まれてくる赤ちゃんを心待ちにしているとか、自分が大人から愛を感じたいと思っていることの他に、自分以外に愛情を持つことも、子どもが愛情を感じたり体験したりすることの一つではないでしょうか。

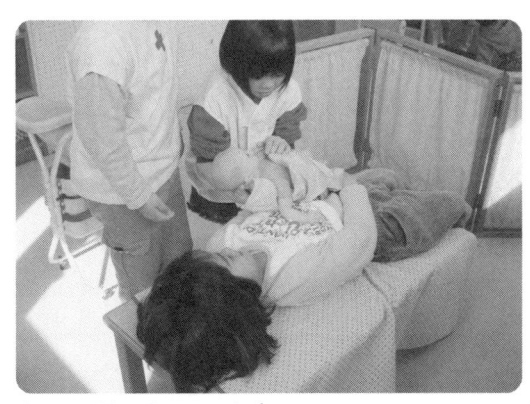

さあ、お母さんだっこしてあげて

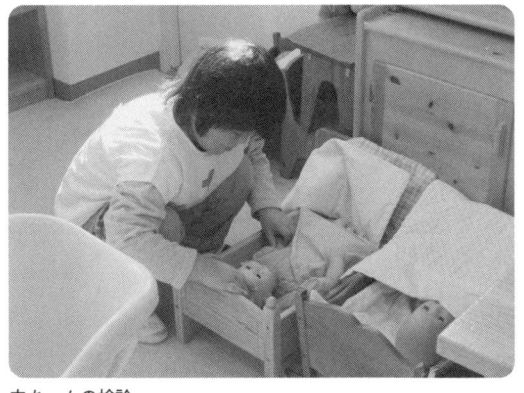

赤ちゃんの検診

3. 役割遊び　妊婦さん

第3部　さまざまな子どもの遊び　95

記念にわたしを描いていただけますか
絵描きさん

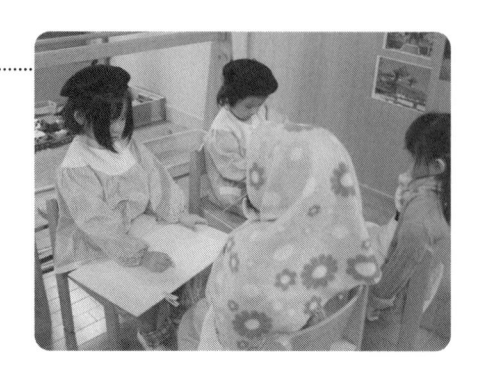

■ 経　過

　新しい遊びの衣装として、スモッグとベレー帽を部屋に用意しました。すると、子どもから「なんの服なの？」と質問が出たので、画家が絵を描く時に服が汚れないように着ることや、画家という職業がどんなものなのかを説明しました。

　子どもたちには、画家という職業について直接的な体験や知識がなかったので、子どもたちが一番想像しやすい画家の姿として、街にいる似顔絵画家の姿などを説明しました。子どもが絵描きごっこをやりたいと言い出したので、椅子と画板を用意してあげると、子どもは画用紙とクレヨンを出してきました。

　他の遊びの空間で、年中児の女の子2人がおめかしをして出かけるところだったので、絵描きさんがいることを伝えると支度をしてやってきました。

　実際に絵を描き終るまで10分ほどかかりましたが、描く方も描かれる方も真剣に座っていました。絵描きさんが描いた絵もかなり丁寧に描きこまれていました。

■ ポイント

　新しい道具を用意すると、子どもは好奇心をもってその道具について知ろうとし、遊ぼうとします。そして、自分が体験したもの、見たことのあるものでなくとも、その道具を元に情報を得て遊びの形となっていきます。遊びを通して、社会にはいろんな職業があることを学んでいきます。新しい道具、新しい知識がうまく受け入れられて遊びに発展した例です。

4. ルールのある遊び

　ルールのある遊びとは、ルールを守ることによって楽しく遊べる遊びで、主にゲーム類などが挙げられます。こういった集団遊びのなかで、意志力、自己規律、仲間関係の強化、連帯の体験をすることで、子どもの社会化を促します。

　園という集団で生活する場でも、そして園を出た社会生活のなかでもさまざまなルールがあり、子どもたちは成長するなかでそのルールを守ることを受け入れられるようにならなくてはなりません。

　子どもは、遊びのなかのルールに接し、ルールを守ることで遊びがより楽しくなるという経験を通して、生活のなかでもルールを守ることが自分の喜びに、そして相手の喜びにつながっていくことを理解していきます。遊びを通して、ルールを理解し、守ることによって集団で遊ぶことが可能になり、楽しく遊べるのだということをわかっていくのです。

　遊びのなかだけでなく、園でのルールを守ることを積み重ねることはとても大切です。しかし、クラス・園のルールは、あくまでも子どもにとって肯定的なものでなくてはなりません。子どもの行為を規制するのではなく、子どものやりたいことの可能性をひろげるルールであることが大切です。

　遊びのなかのルールを考えたとき、ルールを守ることで喜びを得られる遊びは、いわゆるゲーム類の遊びに限らず、すべての遊びにルールの要素があることがわかります。買う人と売る人のルールが守られなければレストランなどでの遊びは成立しませんし、積木遊びのなかでも、お互いの作業のルールを守らなければつくりたいものを完成させることはできません。また、自分なりにルールを設定しながら、自分の体験を再現していくことに意義があるのです。社会での体験を再現したり、新しい体験を重ねる遊びをするなかで、その遊びなりにルールを決めて守り、喜びを得ていくのです。

　ゲーム類などは、そういった意味を含めて、ルールを守ると楽しめる要素を強めた遊びです。自分の順番を待ち、ルールを理解し、守ることによってグループで遊ぶことが可能になり、より楽しく遊ぶことがで

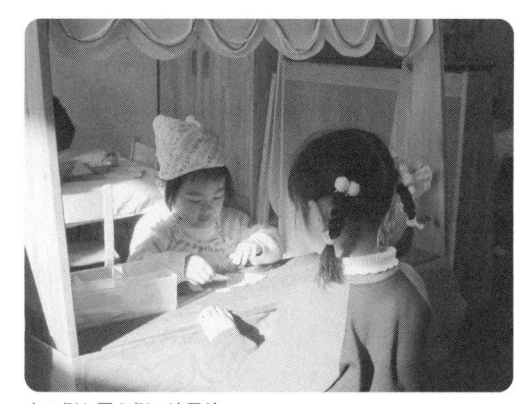

売る側と買う側の境界線

第3部　さまざまな子どもの遊び　97

きます。ゲーム類の道具については、大まかに発達別に合わせて分けることができます。下に年齢別に分けて記しましたが、あくまで目安としての分類です。

2歳後半〜

　まだルールを理解したり、順番を待ったりするのが難しく、自己中心的なところがあるので、能力によって勝敗が決まるようなゲームは受け入れられません。順番やルールを理解し、守れるようになるまで保育者が一緒に遊ぶのが良いでしょう。年齢や個人の能力に関係なく、偶然に勝負が決まる絵合わせなどのものが良いと思います。記憶力などが必要な遊び（神経衰弱ゲーム）もできますが、カードの種類数が多すぎると覚えられず勝負がつかないことがあります。慣れに応じて枚数を増やしていくようにします。

4歳〜

　この頃は個人の能力にも差が出てきます。順番がわかる、遊びそのもののルールがわかる、集中できる、器用に手先が動かせるようになっています。積木抜きゲーム、神経衰弱ゲーム、トランプなどの遊びを楽しめるようになります。ゲームの始まりと終わりの流れを楽しんだり、そこで起こった葛藤をどう乗り越えるか、そして待つということを体験していきます。

5歳〜

　年齢に合ったほとんどのゲーム遊びのルールを理解でき、スムーズにゲームを進行することができます。時には、小さい子どものために、やさしいルールにつくりかえたり、新しいルールを取り入れるなど、自分たちでルールをつくって遊べるようになります。

「バンビーノロット」(2歳後半～)

■ 遊び方

3歳程度のルール＝一つのカードに6種類の絵が描かれていて、その絵と同じ絵カードが別にあり裏向けておく。順番に1枚ずつめくり自分の持つカードのなかに、その絵があればもらえる。なければその絵のある人に渡す。6種類の絵が早くそろった人が勝ち。子どもの力に合わせて、ルールを複雑にしていきます。

■ 育つもの

・物の認識、区別
・自分のカードと他の人のカードの区別
・順番を守る
・数の概念

「メモロンド」(2歳後半～)

■ 遊び方

絵を裏にして並べて順に2枚ずつめくり、同じ絵をめくったら自分のもの、間違ったら次の人へ。

カードが丸いので位置の記憶が難しいのが特徴。枚数も58ペアの絵となっており、子どもの数、能力に合わせて枚数を調節する。最初は5ペア程度から。

■ 育つもの

・記憶力
・物の認識
・集中力、持続力

4. ルールのある遊び

第3部 さまざまな子どもの遊び

「ハンド・イン・ハンド」(2歳後半〜)

■ 遊び方

①1人で遊ぶ場合には、サイコロは使わずにパズル遊びになる。ルールは36枚のカードすべてが手をつなぎ合うように並べること。6×6の正方形に並べることができて、正解はいくつもある。

②カードをみんなに配り、順番に二つのサイコロを同時に振る。たとえば「帽子」と「女の子」の目が出れば、手持ちのカードから「帽子をかぶった女の子」の絵をさがす。持っていれば中央に。ゲームがすすむうちにいろいろな服の子どもが手をつないでいく。

　サイコロと絵の使用で、裏返しにして神経衰弱の要素を含ませたり、持ち札形式にして、サイコロに合わせてカードを早くなくした人を勝ちとするルールにしたり、対戦型のレース形式にしたりと子どもの力に合わせて遊ぶことができる。

■ 育つもの

・順序よく並べる
・種類分けのルールを守る
・直線と曲線の概念
・記憶力
・判断力
・思考操作力

4. ルールのある遊び

「色いろおふとん」(2歳後半〜)

■ 遊び方

サイコロの色に合わせて、手持ちのカードの子どもに同じ色のふとんをかけていき、5人の子どものカードに一番早くふとんがかかったら勝ち。サイコロで黒色が出たら、いたずらっ子の妖精が、途中でふとんをうばっていく。

いたずらっ子の妖精カード、色サイコロなしで、自分の妖精の色と裏返しのふとんカードを合わせていく、記憶力ゲームにもなる。

■ 育つもの

・順番を守る
・色の認識、色と絵の認識
・身体像を知る

「動かないで！」(4歳〜)

■ 遊び方

スプリングで板に挟まれた場所にある大中小のコマを抜いていく。コマによっては、圧力がかかっているコマとそうでないコマがあり、力が加わっていないコマを抜いていく。全体が「ガチャ！」と動いてしまった場合、そのコマは自分のものとならず、次の人に交代。最後にコマが一番多い人が勝ち。

大中小のコマに点数をつけて勝敗を決めると、大きいコマをとるのが有利になり、ゲームがおもしろくなる。

4. ルールのある遊び

■ 育つもの
  ・手先の器用さ
  ・観察力
  ・思考能力
  ・集中力

「きのこさがし」(5歳～)

■ 遊び方

どのカードに何色のキノコが隠れているかを探し出すゲーム。色サイコロと数サイコロを振って、出た色の妖精を、出た数のマス目分だけ動かして、その色のキノコと合わせて取っていく。枯葉の絵をめくったら別にしておいて、それが6枚になった時点でゲーム終了。一番多くキノコを採った人が勝ち。

■ 育つもの
  ・記憶力
  ・数の概念
  ・総合的な思考
  ・複数ルールの理解
  ・判断力、計画力

4. ルールのある遊び

5. 絵画・工作

　絵画・工作とは、描く、つくるという作業自体を目的とした遊びです。自分たちで他の遊びで使う道具をつくったり、直したりすることも子どもたちにとっては、絵画・工作遊びの一つといえます。つくりたいものをつくる、描きたいものを描くことで子どもが自信をもつようになります。

　素材の数だけ絵画・工作遊びの数があります。これは、すべての遊びに共通しますが、その数多くある素材（粘土、絵の具、クレヨン、マジック、クレパス、画用紙、版画、木の実などの自然のもの）のなかから、子どもが自分で選んで遊びを始め、進行させるということが大切です。

　とくに乳児の段階では「自分でする」、幼児の段階ではするために「自分で選ぶ」ということを意識することが大切です。数多くある絵画・工作の素材を、常に子どもにとって新鮮に保つためには、季節感に配慮した素材、道具、テーマの年間計画をつくっておくことが大切になります（132頁 表）。

　絵画・工作遊びのなかで育つ社会性には、道具の使い方を学ぶことや、机の上の汚れをきれいにする、他の人が気持ちよくその道具を使うことができるように後片付けできるようになるといったことがあります。たとえば、ハサミを使っていて他の人にわたす際には、反対に持ちかえてわたすということ、服が汚れるような絵を描く時にはエプロンを着ること、のりを使うときには必要な分だけとり、手が汚れたらナプ

砂で描く

マジックで描く

木の実で描く

第3部　さまざまな子どもの遊び　103

キンで手をふいて遊びを進行させるといったことができるように保育者は心がけなければなりません。自分で選び、自分で遊んで、自分で片付けるという習慣を身につけることは、他の遊びにおいても求められる社会性の一つなのです。

　子どもが描いた絵、つくった作品は、その子どもにとっては宝物です。上手下手はもちろん、テーマ性なども評価されるべきものではありません。子どもが自分の世界を素直に表現できることが大切なのです。

粘土でつくる

6. 戸外の遊び

　戸外の遊びとは、文字通り外での遊びになりますが、子どもたちは室内ではできない遊びを解放感いっぱいに遊ぶことができます。固定遊具や体育的な遊び、より大きな遊び、集団での遊びなどが可能です。戸外での遊びも室内と同じように、子どもがより豊かに、より多くの喜びが提供されることが必要です。

　戸外の環境、活動の仕方は、いろいろな保育園でちがいがあります。広さや道具にもちがいがありますが、やはり共通する課題としては、子どもの安全の確保が第一にあります。室内から解放された子どもは、部屋ではできなかった遊び、固定遊具や体育的な遊び、より大きな遊び（追いかけっこ、鬼ごっこ、缶蹴り）、集団での遊びなどに夢中になります。それだけ、怪我、事故の確率も高くなりますので、保育者は未然に事故を防ぐことができるように注意を払うことが必要です。

　さまざまな戸外環境のなかで、ほとんどの園庭にあるのが、砂場です。というのも、砂場では、練習、構造、役割、工作、ルール遊びなどの、すべての遊びの種類を登場させることが可能です。室内での遊びの世界を、戸外に出たときも引き続きひろげていくことができるのです。砂場については、砂がいつも清潔であることと、ほこりがたたないようやや湿っていることが大切です。子どものすべての遊びの種類を実現するには、やはり砂場で使う道具（容器類や小道具、旗、木製の家、動物、車、トンネルなど）が、子どもがいつも、そこに来て遊ぶだけの数と種類が十分に用意されていることが大切です。屋内でも戸外でも、保育者がすべての子どもの遊びに注目し、自発的な遊びを妨げることのないよう、また子どもの喜びを増やせるように援助することに変わりありません。

第3部　さまざまな子どもの遊び

6. 戸外の遊び

室内でできない大きな遊び

総合遊具を使った遊び

砂場での遊び

ボールを使った遊び

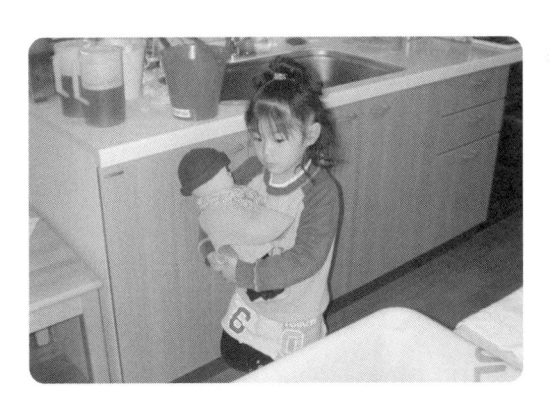

赤ちゃんをつれて、戸外にお散歩

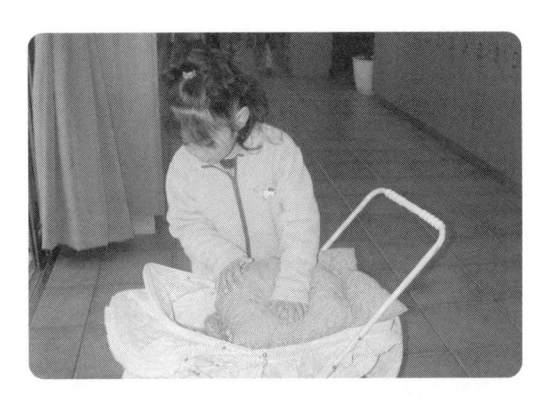

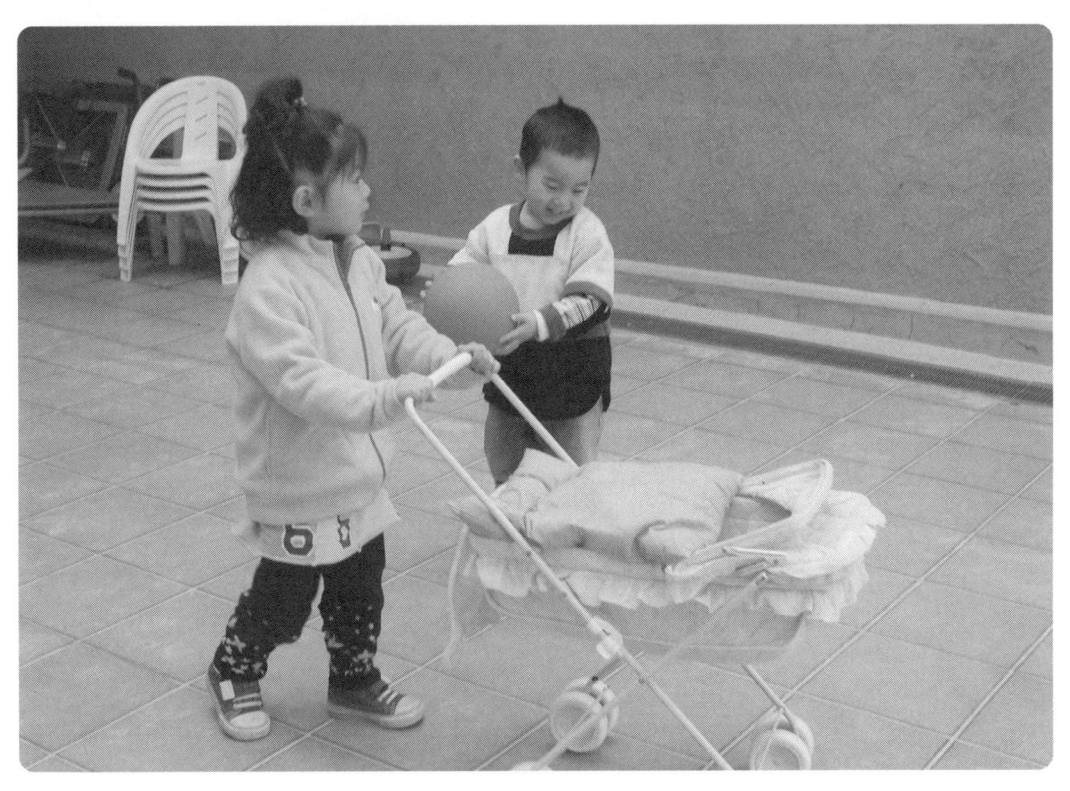

6. 戸外の遊び

第3部 さまざまな子どもの遊び

7. 絵本・おはなし、わらべうた

●絵本・おはなし

　保育者が提供しなければ子どもが再現することができない遊びの一つとして、読み聞かせ、お話、素話などがあります。最近の子どもはテレビを通して体験することが増えてきています。絵本やおはなしについては、いろいろな園で実践を深められていると思いますので、本書では詳しくは触れませんが、絵本を読み聞かせしてあげることで、少しでも子どものファンタジーの世界をひろげてあげたいものです。

　おはなしや絵本の読み聞かせを保育者にしてもらうと、子どもたちは人形劇や劇遊びとして再現して遊ぶことがあります。また絵本の世界を積木でつくっていくといった遊びもしたりします。こういった遊びは、想像力、人の話を聞くという習慣、語彙力、記憶力の発達を助けます。これらの能力は就学前にぜひ伸びてほしい力です。

保育者からの絵本の読み聞かせ

年長児から年少児への読み聞かせ

人形劇（再現）

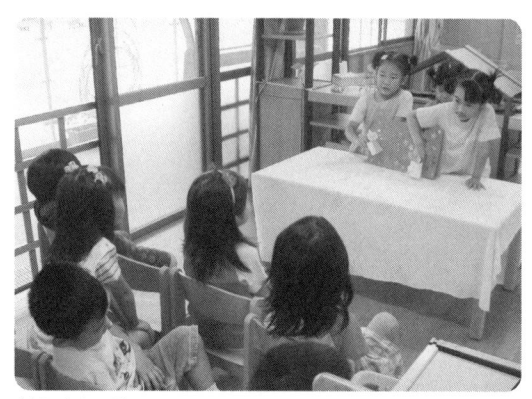

劇遊び（再現）

子どもたちをみていると、文字を知らない子どもの方が、保育者に話してもらった後、すぐにそれを再現して遊んでいるようです。文字に興味を示すと、話や絵よりも字を目で追うことが中心となり、自分で読んでいるように見えても、内容を理解したり、あるいは絵のなかに何かを見つけたりすることが少ないように思えます。子どもは興味をもてばすぐに覚えていくので早くから保育者が文字を教える必要はないと私は思っています。もし文字を読める子どもがいても、読み聞かせやお話をたくさんしてあげることが望ましいでしょう。

● わらべうた

　保育者から始める遊びのなかにわらべうたも含まれます。わらべうたの場合、子ども同士で始めるときと保育者から始める場合とがあります。保育者から始めるわらべうたに教育的なねらいがあっても、子どもはいつも楽しい遊びに参加していると感じることが大切

保育者からわらべうたをうたって始まる

子どもだけで輪になって

子ども2人でのわらべうた

第3部　さまざまな子どもの遊び

です。保育者のわらべうたのスタイルとして、遊びの終わりには保育者がうたって聞かせます。そうすることで、この遊びの終わりであることがわかります。その後、さらに続けるのか、やめて元の遊びに戻るのかについては子どもが決めることができます。また、保育者が遊びを始めたとき、直接遊びに参加するか、自分の遊びを続けながら耳だけで参加するかは子どもが決めることです。保育者がうたった後の子どもの動きを見て、今日の音楽的ねらいをもたせた遊びが、子どもにとって楽しかったのかどうかを評価することができます。楽しかった子どもは、その音楽の余韻を楽しむように、子どもだけで続けて遊びます。保育者から始めるわらべうたの場合は、週の決まった曜日に行うことによって、子どもに曜日感覚も備わり、その遊びを楽しみにして1週間を過ごすことができます。

　最近の子どもは機械の音に慣れてしまっています。わらべうたを少しでもうたうことができるようになってほしいと思うのは、すこしでも人の声を聞くという経験をたくさんしてほしいと思っているからです。子どもの身体のなかにリズムが育ったり、人の声を聞いて自分の声を調節してうたったり、高いとか低いとかそういうふうな音別ができたりといった耳を育ててあげたいのです。子どもたちにとって、音楽というのは、ピアノが弾けるとかそういうことではなくて、本来、人間の持っているものを楽しむことだと思います。そのための基本的な部分を内面に育てる音楽があるのではないでしょうか。それが育った上に、いろいろ楽器が重なっていく、これが普通にいわれている音楽だと思います。

　音楽は、大人からやらされるというのではなく、友だちと楽しく遊んでいるなかで、自然にその子どもに身についていくのが一番いいと思います。ですから、根っこの部分にある音楽性を育てるには、私はわらべうたが一番いいと思っています。

　今の子どもはテレビの歌とかそんな歌はよく知っています。園でそういった歌をうたうと子どもたちは確かに喜びます。しかし、子どもたちがすでに知っていて、いつでもそういう歌を聞くチャンスがあるからこそ、あえて園でする必要はないと私は思っています。それら以外の日本に古来からある音楽をうたえるようになっていてほしいのです。英語をしゃべることができるのが国際社会に通用することだといわれたりします。でも、日本人のなかに伝えられてきたわらべうたを知っている、体験していることのほうが、本当の意味での国際人の要素を持っているといえるのではないでしょうか。

7. 絵本・おはなし、わらべうた

わらべうた日案

ねらい：リズム、きれいにうたう
材　料：ゆうびんはいたつ、カッテコ、おおさむこさむ、ゆきふるしろい、ツルツル
道　具：手紙
方　法：

うたい始め
・動ける空間をあけ、保育者が先頭になって子どもと手をつなぎ、空いている空間を、♪ツルツル♪ととなえながらつながって歩く。

ねらいを達成するための遊び：
・そこへ次々に子どもが来てつながっていき、10名ほどが集まったら円形になり、保育者が即興で短いフレーズでうたい、子どもがそれを真似てうたい返す（例：りんご、みかん）
・♪カッテコ♪をとなえながら、右方向に8拍歩き、残りの8拍で手拍子を打つ。歩きと拍叩きを8拍ずつ交互に入れる。年長児だけ1人ずつ名前を呼んだ後、自分の身体のどこか（友だちと別のところ）をとなえながら叩く。
・「サンタさんからのお手紙を届けたいので、郵便屋さんになる人を決めたいと思います」と保育者が言って年長児に鬼決めをしてもらい、当たった子どもから♪ゆうびんはいたつ♪をする（役交代の遊び）

遊　び：
・全員が郵便屋さんに当たったら、♪おおさむこさむ♪をうたい、年長児の2人を指名してどちらかのチームに入るように言う。人数と年齢がほぼ同じになるようにした後、♪おおさむ♪をうたって遊ぶ（へりふえる遊び）

保育者がうたってあげる：
・全員が対戦した後、その場にすわる。大人が鈴を鼓動に合わせて鳴らしながら、♪ゆきふるしろい♪をうたう。

8．乳幼児期の遊びの種類と発達

		育つもの	0 歳	1 歳
反射運動（偶然）		・3カ月までは感覚と運動が一致していない ・視覚的には、動くものへの追視や集中、原色の区別ができる ・聴覚的には、音に対する運動反射がしだいに減退し、母親と他人との声の区別やうれしい・悲しいなどの情緒的区別ができる	・自分の手を眺める、手、足で遊ぶ、声で遊ぶ、さわる、つかむ、ひっぱる、もつ、離す、手の中のものを握る	
粗大運動		・平衡感覚機能を育てる ・ものを動かすこと知る ・乳児の歩行の発達、身体像の発達を助ける ・空間知覚の発達を助ける ・目と片足の協応を促す	・寝返る、這う	・乗り越える、手足をかける、入る、出る、昇る、降りる、押し歩く、引いて歩く、転がす、追う
操作練習遊び・言葉の練習遊び	言葉の練習		・喃語	・具体的言語（単語など）
	粗大運動	・手指の機能発達、目と手の協応 ・ものの性質や機能の理解　・触覚的知覚の発達 ・外界への適応能力を高める　・環境を知る力を発達させる ・両手が使え、両手の協応を促す　・身体像の発達を助ける		・舐める、いじる、たおす、転がす、ひっくり返す、落とす、打ち合わせる、つまむ、へこませる、逆さにする、かしげる、握りかえす、手首をひねる、手足を通す（布）
	入れたり出したり	・目と片手の協応を促し、さらに全身運動も伴う ・構造遊びの基本となる ・自分だけの経過・ルール・計画をもつ ・子どもと保育者だけにわかる喜びがある		
	目と手の協応の遊び 操作的遊び 体を動かす練習	・両手の協応を促し、手先の器用さを高める ・積木などを他のものに見立てる ・ものの形を知り、同一視できる ・簡単な思考操作ができる ・高さ・量の比較ができ、部分と全体を区別する ・忍耐力・持続力・集中力を育てる ・創造性の低い子どもによい影響を与える		・入れる、出す、拾う、集める
構成（構造）遊び		・創造性を育てる ・記憶力・想像力・問題解決・工夫・器用さなどの能力を高める ・空間の認知		
役割遊び		・人との話し方・声の出し方・あいさつ・すすめる・ゆずる・自慢するなど表現力の基礎づくりを助ける ・言語や感情の発達を助ける ・ものの性質がわかり、用途にそって扱える ・社会的学習をすることができる ・仲間に適応することができる ・言語的コミュニケーション、非言語的コミュニケーションを育てる ・問題解決の思考を育てる		
ルールのある遊び		・本質はルールを守ること ・意志力・自己規律・仲間関係の強化 ・連帯の体験を高める ・子どもの社会化を容易にする		

2 歳	3 歳	4 歳	5 歳
	・歩いたり走ったりなどの自然運動の中で、空間認知・調整力（器用・微細、協応性、敏捷性）・方向（右利きか左利きか）が育つ。		
・文法ができる、抽象的言語（きれいなお花…など）	・お母さんの言葉を練習	・職業上の言葉を練習	・想像（絵本）の中で言葉を練習、友達とことば遊びをしたり、トナエ・詩などを練習する
・布を広げる、かける、ふる、たらす、包む、クシャクシャにする、体にまとう、着せる			
・開ける、はめる、入れ替える ・特定の容器に特定のものをくりかえし入れたり出したりする	・素材・道具・ものを並べる、積む、混ぜるなど。 ・足をブラブラさせたり、人形の体をいじったりする。 ・たたく、つつく	・規則的に素材・道具・ものを積んだり、並べたりする。 ・道具などで目的にそって遊ぶ	・模様を思いうかべてつくったり、イメージに合わせてつくる
・型おとし、並べる、積む、箱につめる、穴に通す、飾る、同種のものを集める、揃える、ひもを通す、重ねる、広げる			
	・模倣して積み上げる、並べる ・長く並べて、道路、線路という ・並べた上に、車や汽車を積んで遊ぶ ・積んだものに名前をつける	・道路・線路をイメージしてつくることができる ・駅や人、建物もできる ・積むことが技術的にも上手になるので、天井まで高く積むことができる	・町をつくる、牧場をつくるなど、体験したことをイメージしてつくることができる ・絵本などの共通の体験から、共同で役割を決めてつくる
・飲ませる、寝かせる、入浴させる、看病する、洗濯する、料理のまねごと、お父さんのまね	・役になって遊ぶ　例：お母さんになって子どもに食事をさせる ・他の役を模倣して遊ぶことが多くなる	・お店やレストランなどで体験したことについて役割で遊ぶ	・社会の中での子どもの体験も広がり、社会のさまざまな役を演じて遊ぶようになる
	・簡単なゲームのルールを知って遊ぶ ・役遊びの中でルールが守れる ・ルールが生活の中でも、どの遊びの中でもみられる	・トランプやかかるたを小グループで遊ぶ ・役割あそびをルールを守ることで楽しく遊べる	・自分たちでルールをつくって遊ぶ

第4部
子どもが主体的に遊ぶための保育者の援助

子どもの遊びが発展するための
保育者の援助

　子どもが遊び始めるためには、「空間」「時間」「道具」がまず必要であることは先に書きました。でもこれだけで子どもの遊びは発展していきません。物的、時間的条件に加えて、人的条件としての大人＝保育者がいなくてはなりません。どのような時間配分で、どのような空間構成で、そしてどのような道具をそろえていくかはもちろんのこと、保育者は子どもの経験、体験をよく知って援助しなければ、子どもの遊びは発展していきません。子どもの主体的な遊びを実現するためには、「場所」「時間」「モノ(道具)」にくわえて、黒衣（くろご）としての保育者の援助が必要になるのです。

子どもの遊びは発展するもの

　遊びの環境を整えるだけで、子どもは遊びます。そして子どもは自分の知っていることで遊びます。でも、それをみて「楽しそうに遊んでいるな」で満足してしまうのでは、プロの保育者とはいえません。子どもの認識を、遊びを通してひろげてあげるためには、どんな道具を出してあげればいいのか、どんな話をしてあげればいいのかを見極める力が求められます。子どもの認識がひろがれば、遊びも発展していきます。今、目の前にいる子どもの遊びが、成長に応じて発展していっているのかどうか判断できなくてはいけません。
　子どもの成長と遊びの発達は、簡単に年齢で区分けできるものではありませんが、積木

遊びを例にすれば、3歳ぐらいにはただ並べたり積んだりしています。4歳になれば、高く大きく積むということができるようになり、できたものに名前をつけたりします。5歳になると、イメージをもってつくりあげることに加えて、高く積むだけでなく下に降りてきて平面に動物園など自分の体験の詳細を表現しようと複雑につくり始めます。そして、ただ単に動物園をつくるのではなく、ここはペンギンさんの場所、シマウマはライオンに食べられるから同じところにはおかないといったこともわかってきます。台所の役割遊びでも、お母さんの役から始まってレストランの遊びに発展していきます。レストランでは、お客さん、ウェイトレス、コック、レジなど、役が増えて役割遊びの人数も多くなっていくのです。

　子どもが、遊びを通して社会のなかの機能をどのくらい理解しているかで、何が発達しているのか、何が発達していないのかがわかります。もし、5歳の子どもが、いつまでも3歳の子どもと同じような遊びをしているのであれば、それは保育者が求められる援助を行っていないということになります。「空間」「時間」「道具」の基本的な整備の後の、保育者に求められる援助にはどのようなものがあるでしょうか。

・道具の新鮮さを保つ（新しい道具を一つ出してみる）
・保育者がアイデアを出す、提案する
・保育者がモデルを示す
・保育者がいっしょに遊ぶ

・道具の新鮮さを保つ

　子どもがひらめいて遊べるように、たくさんの道具があることはとてもよいことです。子どもの遊びに道具は欠かせませんし、豊富な種類があることで遊びも発展していきます。しかし、道具のあつかいについての保育者の役割はもっと重要になります。

　どんなに優れた道具があり、その種類がたくさんあっても、同じものがずっと並んでいるだけでは新鮮さがなくなり、子どもたちは遊ばなくなってしまいます。子どもがひらめくことのできる環境づくりにおいては、道具の量、種類の確保ももちろん大切ですが、子どもにとってそのモノ（道具）が新鮮であるかどうかということがもっと大切になってきます。常に子どもにとって新しく感じることのできる道具がそこにあるかどうか、確認することが大切です。これは、新しい道具をどんどん買い足していく必要があると言っている

のではありません。子どもは一度飽きた道具でも、ある程度しまっておいてまた出すと、それを新鮮に感じてまた遊び始めます。ある道具をすべて出すのではなく、飽きたものをしまい、時間がたったものを出してという作業を、進行中の遊びの内容を考えながら行わなくていけないのです。

・保育者がアイデアを出したり、提案したり

　子どもの遊びがひろがる過程には、子どもからのサインがたくさんあります。何か大きなものをつくろうとしていて、どんな道具がよいか子どもが悩んでいるときや保育者に質問するときなど、保育者は「この道具をつかったらどう？」といったアイデアを出してあげたり、提案したりすることも大切です。そしてそのアイデア、提案を受け入れるかどうかは子どもが決めてくれます。子どもにとって新たな体験となるようなアイデアを保育者はたくさんもっていなくてはいけません。

・保育者がモデルを示す

　新しい遊びを子どもが始めようとする時、保育者が遊びのモデルを示さなくてはならないときもあります。子どもは体験をもとに遊びをひろげていきますが、子どもが知らないことも遊びになる場合もあります。新しい職業の役が増えたり、積木の技術的な問題が発生した時など、保育者がそっとモデルを示してあげることも大切です。モデルがわかれば、子どもたちはすぐに自分たちのものにして遊びに組み込んでいきます。

・保育者がいっしょに遊ぶ

　遊びに積極的になれない子どもがいたり、子ども同士ではモチベーションが上がっていかないときなど、保育者がいっしょに遊ぶことも大切です。その場合、ずっといっしょに遊ぶのではなく、子どもたちだけで遊べるなと判断できた頃に、保育者はそっと遊びから抜けなくてはなりません。

　こういったことを、その時その時考えるのではなく、保育者は見通しをもって援助することが大切です。子どもの遊びはある程度予想がつくものです。事前に準備することで見通しをもって援助することができます。このことについては、後に遊びの計画表づくりのところで触れたいと思います。

遊びの空間は変化する

　遊びの空間づくりについての援助について、もう少しお話ししたいと思います。

　保育者は、子どもの遊びに合わせて、柔軟な環境づくりをしなくてはいけません。保育者の存在がなくては、かりにどんなにいい道具を揃え、どんなにいい空間を用意したとしても子どもの遊びはひろがっていきません。

　基本的な空間構成として、台所、世話、構成（構造）、机などをすでに挙げさせていただきましたが、ここで注意したいのは、これらの空間構成は、あくまで遊びの起点としての空間の構成であって、部屋のなかをこれらの遊びに「区分け」するのではないということです。たとえば、台所の空間、積木の空間という言葉に保育者がとらわれるあまり、家具やついたてを使って遊びの空間を明確に分けてしまうことなどはよくありがちです。確かに、区切りを設けることで、人の出入りの数も少なくなり、そのなかに入っている子どもたちも落ち着いて遊べるし、子ども同士の無駄なトラブルは避けられるかもしれません。とくに、子どもがワーッと騒いでどうにもならないという園には、一定の効果はあると思います。

　しかし、子どもが主体的に遊ぶというとき、どんな遊びをするのか子ども自身が決めるように、遊びの空間についても、子ども自身で決めていってほしいと思います。ついたてを立てることには、外界を拒否するという意味があります。子どもが、自分たちで「ここは自分たちの領域だ」と一時的についたてを立てて、そのなかで集中して遊ぶということはあっても、保育者がそれを決定して、むやみに空間を仕切るようなことがあっていけません。もちろん、保育者の配慮として積木をつくっている空間の隣で他の子どもが動きのある遊びをしている場合に、壊れてしまわないようにそっとついたてを用意することもあります。また、子どものために死角をつくってあげることもあります。しかし、できるかぎり、子どもの動きを制限してしまうような遊びの空間はつくらないほうがよいと思っています。遊びの空間はオープンであってほしいのです。

　区切られた空間は、子ども同士の交流を減らすことにもなりますし、社会性の発達や仲間関係のひろがりの点で問題が出てきます。子どもは落ち着いて遊ぶと思いますが、そういった交流が制限されることによって、遊びのつながりも減り、遊びが発展していかなくなってしまいます。たとえば、台所遊びと世話遊びは密接な関係にあります。この二つがつながることで、ちがう遊びにも発展していき、仲間関係がひろがります。そして、その空間から出やすいという環境であることによって、またちがう遊びへと発展していきます。

構成（構造）の空間にしても、区切られずにオープンになっていることで、そこでつくったものを使った遊びが発展していくことがあります。

　遊びの空間の広さについても、同じことがいえます。遊びの空間に決まった広さはありませんし、保育者がその広さを決めるわけではありません。子どもが遊び込むことで自然に遊びは深まり、自分たちで空間をひろげ始めます。遊びの広さも子どもたちが決めることなのです。保育者はその子どもの気持ちを十分に待って、援助していく必要があります。遊びがひろがっていったとしても十分な空間を予備として用意しておけばよいのです。フリースペースはそのための空間でもあります。フリースペースは、いろんな遊びのできる空間としてとってありますが、他の遊びの空間へと変化していくこともあります。逆にフリースペースでの遊びが、他の役割遊びなどを刺激して、遊びが発展していくこともありますから、この空間の使われ方次第で遊び全体に大きな影響をあたえることになります。

　机の空間についても、保育者の固定観念から、変化に対応できる遊びの環境づくりからはずれたものになってしまう場合があります。机をたくさん出しすぎてしまうことなどです。台所、世話、構成（構造）という基本空間以外の場所では、ゲーム類や練習遊びは机でやるものという感覚があるからだと思うのですが、どうしても机をたくさんおいてしまいがちになります。しかし、空間にゆとりをおかずに、机をびっしりとおいてしまうのは、子どもの遊びの空間の柔軟性を奪ってしまうことになります。子どもは床の上でもゲーム類の遊びをすることができますし、机の上でしなくてはならないわけではありません。逆に、椅子に座って、机の上での遊びを続けると身体を動かしたいという別の欲求が生まれてきて、ある時間になると急に部屋全体が落ち着かなくなるといったことも起こります。また、他の遊びがひろがっていくという可能性があっても、空間に余裕がない状態ではその芽をつむことにもつながってしまいます。

　机という家具は空間を固定してしまう性格のものですから、その数はなるべく最小限にして、遊びの流れに合わせて必要になったら出していく、もしくは片付けるといったこまめな対応が必要になります。こんな時、クラスの保育者と子どもの関係や子ども同士の関係が良いと、机の出し入れなどを子どもたちは喜んで手伝ってくれます。子どもたちにとってはそれもまた遊びになります。お昼ごはんを食べるという関係上、どうしても一定数の机を常時出しておきたいという気持ちがありますが、子どもに手伝ってもらったりしてなるべく遊びの環境が犯されることのないようにしたいものです。

基本的な空間の位置関係を変えてはいけない

「空間は変化する」、「さまざまな遊びに対応できる空間づくりを」と書きましたが、基本的空間、環境には「決まっている」ということも大切です。「積木の遊びがひろがって、場所が足りなくなったから、役割遊びの空間と入れ替える」ですとか、「子どもがトイレに行くときに、積木を壊してしまうので場所を入れ替える」など、部屋の模様替えとして遊びの起点となる空間の位置を変えてしまうことは避けなくてはなりません。

空間のひろがり、広さの変化、遊び同士のつながりには柔軟に対応してほしいと思いますが、変えてはいけないところがあるのです。

たとえば、自分の家で停電になったときに暗闇のなかでもトイレにいくことができます。隣の部屋に懐中電灯を取りにいくこともできます。これは、食べるところがここ、寝るところがここ、トイレがここというように「決まっている」からです。これが、月に何回も入れ替わる家で生活することを想像してみてください。落ち着いて生活することはできなくなってしまいます。これは家具の位置などの空間的な問題だけなく、生活のリズムも含めてのことではないでしょうか。子どもたちが園に来たときに、自分たちが遊びたいものがどこにあるのかを身体で知っているということはとても大切です。どこにいけば何があるのかということがすぐにイメージできます。

最初に部屋の空間構成を決定するとき、その遊びの起点の位置を変えることはめったにあってはいけないことです。だからこそ、子どもが生活する動線、保育者が働くための動線を十分に考慮した上で決定していく必要があります。

このように、空間の組み合わせ一つをとっても、保育者の存在は大きくかかわってきます。常に変化する遊び、発展する遊びが保障されることが、子どもが主体的に遊ぶことのできる環境づくりへとつながっていくのです。私たち保育者はその大きな役割を担っています。

子どものための美的な環境づくり

さまざまな保育者の援助、配慮のなかで、清潔で美的な保育室の環境づくりも、私はとても大切だと考えるものの一つです。

壁面の環境づくりは私を含めた多くの保育者を悩ませていることだと思います。季節感のある保育室にしたい、子どもが大好きな絵本やおはなしのようなファンタジーの世界をつくってあげたいなどと願い、試行錯誤を繰り返しています。しかし、いろいろとしてあげたいという一心から、子どものいる環境として大切な「美しさ」を見落としてしまっている場合があると思います。

　保育園は、乳幼児が人格形成のもっとも重要な時期に、その生活の大半を過ごすところです。つまり、保育室は子どもにとっての生活の場です。その保育室の壁にどんなものがあるでしょうか。意識的、無意識的に目に入る「大人の表現」がどれほど子どもの心をゆさぶっているでしょう。保育雑誌に載っている「今月の壁面装飾」などがそのまま保育室の壁を飾っていないでしょうか。子どもに媚びたような幼い絵の人間や、極端にデフォルメされた動物の絵などが壁にくっついていないでしょうか。アニメのキャラクターや絵本の主人公がそのままぶらさがってはいないでしょうか。日本の保育室の特徴として、色画用紙でつくる壁面装飾がありますが、それほど大変な時間と労力を使って、色画用紙や色紙でアジサイやコスモス、チューリップなどつくって貼り付ける必要があるでしょうか。子どもがせっかくつくった作品も無造作に置かれたままになっていませんか。

　子どもの空間の「美しさ」をあらためて見直してみましょう。キーワードは「清潔さ」、「生活の場として自然か」、「自然を感じることができるか」です。

　まず、何よりも清潔であることが大切です。ほこりまみれの布があったり、人形の服が真っ黒になっていたりしていませんか。また、棚の上に遊びで使用したダンボール、模造紙などが乱雑においてあったりしていませんか。子どもは大人を見ながら生活様式を身につけていきます。後片付けができる子どものそばには、かならず後片付けができる大人がいるのです。子どもは見ていないようで、そういったこともしっかりと見ています。

　次に、みなさんの保育室は生活の場としてふさわしい自然な空間となっているでしょうか。保育室は子どもの生活の場です。みなさんの生活の場であるご家庭の壁は、色画用紙でベタベタと飾られたりはしていないと思います。生活に必要なものと、美的なものとがうまく調和して、いわゆる家庭的な雰囲気が漂う自然な状態ではないでしょうか。保育室にもこの家庭的な自然さが必要だと私は思っています。子どもの遊びに必要なものと保育者の必要なものに、アクセントとしての装飾が調和をつくるのではないでしょうか。そういう意味で、色画用紙がベタベタと貼られている壁は生活の場にふさわしいものとはいえないと思います。わざわざ子どもを異質な空間に入れる必要はありません。大人たちが毎

日生活している部屋と同じように、美しく落ち着いた部屋で子どもたちは遊び、生活してほしいのです。

　季節感を出すということもとても大事です。しかし、画用紙で花をつくったのでは本当の季節感とはいえません。やっぱり本物の草花を用いて、切り花で花瓶に生けたり、鉢植えの植物を部屋に置いたりして、子どもが緑を感じたり、季節感を味わうことができる環境をつくってあげたいものです。

　何も特別なことを言っているのではありません。要するに、自分の部屋にしてほしくないことはしない、自分の部屋を整えていくように愛着をもって飾るという単純なことなのです。

いもの絵をいもの葉とともに飾る

ラキューでつくったキリン、ライオン、ワニ、星を夜の草原にして飾る

　子どもの作品を飾るということにしても、せっかくつくったものなのだから丁寧に、そしてそれを観る子どもが、遊びに対してモチベートされるような、作品をひきたてる飾り方が大切だと思います。子どもが部屋に入ったときに、「わあ、きれいだな」「だれのだろう？」と注目できるような飾り方がなされていれば、子どもも集中して観ようとします。そして、ずっと同じものが置いてあるのではなく、いつも新しい作品が置かれることで、興味・関心も持続します。これらが、子どもにとっての体験となり、子ども自身の遊びにも活かされていくのではないでしょうか。

　子どもが今過ごす保育室は、将来、子どもたちが自分の部屋をきれいにするときの元のイメージになるのだと思って、美しくしてあげてください。また、そうすることでそこで過ごしている保育者も心がなごみ、ゆったりとやさしく子どもに接することができるのではないでしょうか。

子どもの遊びに
保育者も見通しをもてる
── 援助のための計画表づくり

　行事計画表、給食の予定表など、園ではいろいろな計画表があると思います。これらは、園での保育者の仕事をスムーズに、そして効果的にすすめるために必要なものです。
　私はこれらの計画表に加えて、遊びの計画表を立てるようにしています。遊びの計画表をつくるとは、保育者が子どもの数や発達のすすみぐあい、予想される子どもの体験・行事経験、道具の種類・数など、遊びにからむいろいろな条件をふまえて、子どもの遊びを組織してあげるということです。
　これまで、空間の構成、道具の整備など、保育者が間接的に子どもの遊びを助けるということについて述べてきました。保育の専門家として、実際の子どもの遊びに触れていくと、子どもの体験、経験、発達と道具、空間などの関係性がわかってくるようになります。そして、これらがどのように遊びに影響するかがわかったとき、逆に、こういう条件の場合には、こんなふうに助けていけばいいんだということがわかってきます。どの道具を置いたら、子どもはどう遊んでいくのかということについて、予想がつくようになってきます。その予想がつくという段階で、もし保育者がアイデアをたくさんもっていれば、子どもの遊びはどんどん発展していきます。この子どもにはこんな体験が足りないと思うから、こんな遊びで体験させてあげたいなと感じたときなどに、どんな環境が必要なのかがわかるのです。これが「遊びを組織できる」ことだと思います。
　しかし、子どもの主体的な遊びを保障した上で、遊びを組織するということは、「みんな、あれをしよう！」「これで、遊ぼう！」ということではありません。遊びは押しつけられるものではありませんから、子どもが「遊びたい！」という意欲をもった上で助けるにはど

うしたらいいのかが問題になってきます。

　かなり経験のある優秀な保育者なら、長年の経験から体で覚えているかもしれません。しかしこれはどんな保育者でもすぐにそうなれるものではありません。若い保育者たちにとっては、いろんな子どもの遊びに触れていきながら、力をつけていくしかありません。ほとんどの保育者は、この力を自分のものにしたいと願っていると思います。

　そのために、子どもの3年間の教育的課題なども含めて、どんな遊びをしていってほしいのか、そのためにはどんな道具が必要なのか、どんな空間をつくってあげるのがよいのかなどを文章化する作業が必要です。計画づくりはそのための手段だと考えていただいてよいと思います。あくまで保育者の頭の整理という意味での目安と考えてください。計画表をつくったからといって、子どもがその通りに遊ぶことはありませんし、またそのようにし向ける必要性もありません。

　一つの遊びが行われるためには、それなりの道具の種類、量などが必要になってきます。道具のあつかいについては、それらをすべて出すのではなく、うまく出し入れする必要があることは前述しました。しかし、この道具の整備は何も考えずにその日暮らしのようなやり方でできるでしょうか。やはり1年間の園の流れに合わせて計画することが大切です。そしてその1年間の流れは子どもの3年間の発達の課題に合わせてつくられる必要があります。

　遠足で動物園にいった翌日は、動物園遊びをしたい、再現したいというのがほとんどの子どもの気持ちだと思います。そこに、動物園の遊びができるような道具があるかないかは保育者にかかっています。1年を通して、地域の行事や季節の体験などから子どもの遊びを予想することはできます。こういった予想できることを一つひとつ整理していくことが計画づくりの目的です。また、こうやって遊びを文章化していくことで、いろいろなアイデアも浮かんできます。それは必ずしも、子どもが実際に遊んでくれることでなくても、遊びのアイデアの引き出しとなり、保育者の力となって積み重なっていきます。

　このように、保育者が遊びを組織できる力をつけることで、ある遊びの空間に子どもが入らなくなってしまった、遊びに子どもが飽きているのでは？というケースでの対応がちがってきます。保育者自身に遊びの整理ができていないと、遊びの環境も整理されたものではなくなってしまうのです。

　計画表は各園の行事計画のちがい、地域のちがい、保護者のちがいなどによってそれぞれの園でいろんなものができあがると思います。計画づくりを通してあらためて遊びを見つめ直してみてはいかがでしょうか。

遊び年間計画例 ①　構成（構造）遊び

	4月	5月	6月	7月	8月
テーマ	保育園 ・身近な建物	交通 ・警察署 ・バラ公園 内科検診	水族園 ・耳鼻科 ・眼科	プラネタリウム 音楽の夕べ	夏の体験 ・キャンプ ・おでかけ ・旅行 など
年長	ジグザグ積木 カーブ積木 デュシマ箱積木 木箱 ───→ 【こけし人形】人々 ［写真］保育園	交通標識 ────────→ トンネル 信号 横断歩道 車（乗用車、パトカー） 　→ミニカー 汽車、電車 フェルト（緑） 花はじき フロリーナ 色紙で作った花 警察官、医者、看護婦 バラ公園、病院 警察署（しくみ）	ジーナボーン ネフスピール いろいろな乗り物 （駅、飛行場、バス停など乗り物に応じた建物を作る。） 布類 フェルト芯 運転手 駅、飛行場、バス停 病院の写真 検診時	プラネタリウム 3Dジオシェイプス ────── ドーム 星 宇宙船 飛行機 水族園 海の生き物（紙粘土） 《自然物》 　貝、サンゴ、石、海藻 星、天体 など 水族館、魚の写真	3Dジオシェイプス （子どもの体験をもとに） ・橋 ・キャンプ キャンプファイヤー 《自然物》貝・石 テント 魚つり（魚、池、川、海、水を連想するもの） 魚 布類 ビニール袋 カラーロープ 旅行の写真 風景（海、山 など）
年中	★積木を組み合わせて高さ・大きさのあるものを作る（作ったものに車や汽車などを組み合わせる）。 基本積木 フェルト 緑 青 茶色 建物……家・マンションなどを作る。駅・飛行場などを作る。 【こけし人形】人々 シンメトリー……同じ大きさ同じ高さ同じ形のものが作れる。	ジグザグ積木 カーブ積木 ──────────→ 木箱 道路積木 ・交通標識 ・信号 汽車セット（レール、汽車） 車（プラスチック） 警察官、医者、看護師	いろいろな乗り物 （駅、飛行場、バス停など空箱などで作ったものを一緒に出す。） 運転手	★形・大きさ・色などをリズミカルに組み合わせる。 デュシマ箱積木 水族園 《自然物》貝、サンゴ、石 水の生き物（魚、イルカなど）	3Dジオシェイプス （子どもの体験をもとに）
年少	基本積木 ムンツ積木をベースに 基本積木の1/1の大きさのものより 順に組み合わせる。 ※作ってはこわし、また作るをくり返す。 汽車セット 汽車 レール 踏み切り 橋 駅 机、イス、木箱、空箱で作ったバスなどに人形をのせて走らせる。 ★構成するより動かす方を好むので、広い空間、大きさ、高さの作れるものを用意する。	→長さ・大きさのあるものを徐々に加えていく。 車（プラスチック） 道路積木 ────────		水の生き物（魚、イルカなど）	3Dジオシェイプス

9 月	10 月	11 月	12 月	1 月	2 月	3 月
動物園	昆虫館（昆陽池）	大坂城	クリスマス 郵便局	お正月	消防署	中山寺梅林

★必要なもの、足りないものは、いろいろな素材を使って作り足していく。

9 月	10 月	11 月	12 月	1 月	2 月	3 月
3Dジオシェイプス ┌ 門 └ 遊園地 など 動物セット ┌ アンカー積木 └ クロス積木 アインシュタイン積木 遊園地 　ラキュー	昆虫館（昆陽池） 《自然物》 ┌ どんぐり └ まつぼっくり など	┌ 半球積木 └ ビルディングロッズ 電車 駅	┌ ビーズ ├ モール ├ リボン ├ 毛糸 └ 綿	街づくり 子どもの遊びに応じて ┌ ムルティボ ├ キュービックス ├ アングーラ └ セラ なども加える 町の施設のシンボル的なもの	┌ ホース ├ バケツ ├ 人形 ├ 板 └ 丸棒	
飼育係 動物の写真 遊園地の写真		駅員、運転手 国旗、地球儀 日本・外国のお城 の写真・絵	郵便屋 クリスマスの雰囲 気づくり（カード など）	地図（子どもと描く）		

9 月	10 月	11 月	12 月	1 月	2 月	3 月
動物セット （プラスチック） フェルト （いろいろな形・大 きさ） 遊園地 　ラキュー	昆虫館 《自然物》 ┌ どんぐり └ まつぼっくり など 《自然物》 ┌ 木 ├ 石 └ 葉	┌ アンカー積木 └ クロス積木 アインシュタイン積木	もみの木 いろいろな大きさ の布 そうじセット		半球積木	

9 月	10 月	11 月	12 月	1 月	2 月	3 月
┌ ジグザグ積木 ├ カーブ積木 └ デュシマ箱積木					┌ アンカー積木 └ クロス積木	
	┌ ホース ├ 紙びょうぶ ├ 大まくら ├ ハンドル ├ ボール └ ビー玉					
			大きいもの・高いものを作る。			

第4部　子どもが主体的に遊ぶための保育者の援助

遊び年間計画例 ②　役割遊び

	1期（4〜5月）	2期（6〜9月）
テーマ	・家族ごっこ → ・病院ごっこ → ・美容院ごっこ → ・お店ごっこ（各種） →	・夏の体験（キャンプ、プール、遊園地、夜店など） ・乗り物ごっこ ・衣替え、洗濯ごっこ
年長	【病院】　内科……受付、薬局、カルテ、内臓の絵 【レストラン】　ランチョンマット、おしぼり 　　　ラーメン屋、うどん屋、ピザ屋 　　　（看板、食器類、材料） 　　　マクドナルド、喫茶店 【店屋】　花屋、本屋、図書館（貸出しカード、受付）	【病院】　眼科……検眼表、遮眼子、受付、カルテ 　　　　　　　　目の絵、目薬 　　　耳鼻科…耳鏡、受付、カルテ、耳の絵 【キャンプ】　大布（テント用）、網、積木（または板） 　　　魚つり（魚、つりざお、バケツ）、魚の図鑑 　　　・ひもを長くし、針でひっかけてつる 　　　・魚は子どもが作ったもの 【乗り物ごっこ】　駅………改札、切符売場、切符、定期券 　　　　　　　　　　時刻表、運行経路 　　　　　　　　　　（運転手、車掌、駅員） 　　　船………船長（帽子）、船の写真、船員 　　　　　　　イカリ、舵 　　　飛行機…スチュワーデス（スカーフ） 　　　　　　　パイロット（帽子） 　　　海外・国内のパンフレット、道路地図、路線地図 【家族】　衣替え（衣類）、掃除
年中	【家族】　ロングスカート、化粧品、ブラシ、ネックレス 　　　カバン類、背広、メガネ、新聞、ネクタイ 【病院】　診察券、待合室（イス、本）、受付 　　　看護師（白衣、帽子）、包帯、消毒、ピンセット 【レストラン】　ウェイトレス（エプロン、カチューシャ） 　　　ウェイター（ネクタイ、エプロン） 　　　オーダー用紙（見立て） 【警察】　帽子、警察のマーク、ネクタイ	【家族】　旅行のパンフレット 【夜店】　金魚すくい、綿菓子、タコ焼き、やきそば 　　　輪なげ、かき氷、やきとり、ヨーヨー、入場券 　　　動物の写真、夏の風景、浮き輪 【行楽】　魚つり（魚、つりざお、バケツ） 　　　・年少のものよりひもを長くして難しくする 　　　浴衣、うちわ、花火（ビーズで作ったもの） 【ガソリンスタンド】　帽子、給油ガン、スタンド、バケツ、雑布 【乗り物】　電車（運転手、車掌）ベンチ 　　　船（船長）ベンチ
年少	【家族】　人形（春物、オムツ、オムツカバー、パンツ、靴） 　　　ベビーカー、ベビーベッド、哺乳ビン 　　　オムツ交換、洗面器、シャンプー、タオル 【病院】　注射器、聴診器、薬、白衣 【レストラン】　コック帽、エプロン、メニュー、テーブルクロス 　　　花びん、レジ 【店屋】　アイスクリーム屋、ジュース屋、本屋 　　　おもちゃ屋　など	【家族】　バスベビー、お風呂、タオル、石けん（人形用） 　　　着替え（夏用）リュックサック、水筒、弁当箱 　　　洗濯ごっこ（洗面器、石けん） 【魚つり】　魚、つりざお、バケツ （マグネット式） 【乗り物】　ハンドル、帽子、イス、メーター、バス停 　　　タクシーのりば、つい立て

3期（10～12月）	4期（1～3月）
・美容院ごっこ （七五三、クリスマスパーティ） ・およばれ ・いろいろな職業（親の職業、身近な職業）	・家族との体験（旅行、スキー、温泉など）
【病院】　入院、食堂 　　　　　外科……車イス、ギプス、骨格の絵、標本 　　　　　レントゲン室 【美容院】シザーベルト、くし、化粧品各種、カーラー 　　　　　エステ 【貸衣裳】ドレス各種、カチューシャ、チョウネクタイ 　　　　　いろいろなポーズの写真、カメラ 【ケーキ屋】ケーキ、クッキー各種（子どもがつくったもの） 　　　　　ケーキの箱、トレー、見本（ケーキの写真） 　　　　　紙袋、注文用紙 【家族】　衣替え（衣類）、大掃除	【病院】　総合病院、救急車、タンカ、検査室 　　　　　研究発表（内臓の絵を描いたTシャツ、指し棒） 【学校】　手下げカバン、筆箱、ノート、ホワイトボード 【家族・おでかけ】コタツ（小テーブル、大布）、鏡餅、しめ飾り 　　　　　門松、寺社（さい銭箱、おみくじ、鈴）、重箱 　　　　　出入口、受付 　　　　　お風呂（シャワー、湯舟、洗面器） 　　　　　タオル、スキー（板もしくは積木）
【家族】　バケツ、雑布、ハタキ（大掃除） 【美容院】いろんな髪型の写真（壁用、ファイル用） 　　　　　シャンプー台、タオル、クリップ、髪かざり 　　　　　手鏡、大型ドライヤー、ケープ、ハサミ（厚紙製） 【消防】　耐火帽（布、リング）	【病院】　※役の一部を引き受けて遊ぶ。 【学校】 【家族・おでかけ】
【家族】　人形用着替え（冬用、コートなどの）、マフラー 　　　　　上着、毛糸帽子 【美容院】ドレッサー、ブラシ、クリップ、ピン止め	【病院】　※子ども（人形）を連れて出かけるなど 　　　　　年長、年中の遊びを模倣して遊ぶ。 【学校】　※年中、年長から役をもらって一緒に 　　　　　遊べるようになる。 【家族・おでかけ】

遊び年間計画例 ③　ルールのある遊び、操作・練習遊び

		年間通して出すもの	1期（4〜6月）
年長	ルールのある遊び	・花カード ・魚カード ・分類カード（自然・社会） ・職業関連カード ・パズル100〜200ピース	・この人だあれ？ ・どうぶつあいうえおかるた ・クラウン
年長	操作・練習遊び	・ビーズ通し各種　　・ヴィボ ・キーナーモザイク　・リグノ ・アングーラ ・ダイヤモンド ・ラキュー	・ラビリンス
年中	ルールのある遊び	・ひよこさがしゲーム ・いそいでさがそう ・パズル50〜100ピース	・ペグドミノ ・バイクゲーム
年中	操作・練習遊び	・アングーラ　　　・ヴィボ ・セラ　　　　　・リグノ ・キュービックス ・ビーズ通し各種（細いひも、毛糸など、ウッドビーズ小、プラスチックビーズなど）	・バランスビルディング ・ジーナモザイク
年少	ルールのある遊び	・ハンドインハンド ・ブルーナドミノ ・コリントゲーム ・パズル25〜40ピース	・クイップス ・テンポかたつむり ・4ゲームス ・同じ絵当て（春）
年少	操作・練習遊び	・ネフスピール　　・ヴィボ ・トーテム　　　・リグノ ・ひも通し各種（ひも、ボタン、花はじき、ウッドビーズ中、小、ストロー（短く切ったもの）、いろいろな形のもの、ガラスビーズ） ・洗濯ばさみ	・ジーナボーン

2期（7～9月）	3期（10～12月）	4期（1～3月）
・ぐりとぐらかるた ・おはじきビリヤード ・すごろく ・きのこさがし	・ばばばあちゃんのくいしんぼかるた ・カルテット（コンチェルト・グロッソ） ・LEYトライアングル ・交通あそび（サイコロ）	・ソロ ・ペンギンピクニック ・帽子とりゲーム ・身体パズル ・クワルテット
・ひも通し（ホワイトボード） ・廃材	・ツリアモ ・ミラーゲーム ・アイリモ	・編み物（リリアンも含む） ・織り物 ・縫い物（縫いさし用紙） ・ビーズ通し各種（極小ビーズ、テグス）
・しりとりぐるぐるカード ・ロバの荷物ゲーム ・すすめコブタくん	・動かないで! ・サッカーゲーム ・TASTI ・フィシャーズフリッツ	・汽車ゲーム ・ピノッキオ ・マイティマックス ・エスキメモ
・フロリーナ ・ジーナブロック	・アークレインボー ・ジーナリング	・ビーズ通し各種（極小ビーズ、テグス）
・虹色のヘビ ・面パズル ・同じ絵当て（夏）	・着せかえテディちゃん ・色いろおふとん ・グループモンキー ・同じ絵当て（秋）	・メモリー（神経衰弱） ・もぐらとパズル ・妖精さがしゲーム ・同じ絵当て（冬）
・リモーザ ・モザイク ・2色モザイク	・3Dジオシェイプス ・小さな大工さん	・ルナ ・ゴムパターン

※商品名は2002年12月現在のもの

遊び年間計画例 ④　絵画・工作

		4月	5月	6月	7月	8月	9月
年長	テーマ	線遊び（一筆画）	バラ公園（体験画）	水族館（体験画）	模様づくり（マーブリング）	染め紙・染め布（押し絵）	体験画（夏のおもいで）
年長	道具	★絵の具セット［筆洗いバケツ、筆拭きタオル、筆（中）、絵の具皿］・絵の具（赤・青・黄）・ビニールシート	・絵の具セット・水彩絵の具・筆（小・中）	・絵の具セット・水彩絵の具・筆（小・中・大）・のりセット・はさみ	・マーブリング用絵の具・プラスチック容器・和紙・筆、竹串 など	・絵の具セット・筆（小）・絵の具皿・和紙・のりセット	・クレヨン・絵の具セット・筆（小）・固形絵の具
年長	材料	・画用紙・いろいろな色・いろいろな大きさ	・画用紙（絵の具が生える色、大小さまざまな大きさ）・スタンプ・スポンジ	・色画用紙（白）	・和紙（専用）・筆・竹串 など・鉛筆・色鉛筆	・色水（花・葉）・押し花（アサガオ、ヒマワリ など）・白い布・輪ゴム	・画用紙（白）
年長	社会性の発達	・使いたい道具、材料が出せる・使い終わったらきれいに洗い、渇いたタオルでふいて元にもどせる	・野菜・ダンボール・タンポ		・マーブリング用の道具をきれいに洗い、専用絵の具・プラスチック容器を1つにまとめて片付ける	4月に同じ	
年中	テーマ	線遊び（太い線・細い線）	バラ公園（ちぎり絵）	水族館（体験画）	模様作り（マーブリング）	はじき絵	デカルコマニー
年中	道具	・クレヨン、クレパス・ブロッククレヨン・ビニールシート	・クレパス・のりセット	・クレヨン・ブロッククレヨン（濃淡を知る）	年長と同じ	・絵の具セット・筆（大）・クレヨン・◎エプロン・腕ぬき着用	・絵の具セット・絵の具（赤・青・黄）・筆（中）・クレヨン
年中	材料	・画用紙（いろいろな色、いろいろな大きさ）	・画用紙（白）・色紙・包装紙	・画用紙（白）	年長と同じ	・画用紙（白）	・画用紙（白）
年中	社会性の発達	・描くのに必要な道具を準備する・使い終わったら元にもどせる	・のりのつけ方、使い終わった後、のりセットの片付けができる（手拭きタオルを洗って干す）	4月と同じ	・大人と一緒にマーブリング用道具をきれいにして1つにまとめて片付ける	・自分できる準備はして、絵の具に必要な準備、片付けを大人と一緒にする	
年少	テーマ	のり・はさみの使い方	バラ公園（ちぎり絵）	わたしのワンピース（スタンピング）	線遊び（太い線・細い線）	フィンガーペインティング	きっかけ画
年少	道具	★のりセット［のり、手拭き、濡れタオル］・はさみ・クレヨン・ビニールシート	・のりセット・色紙・包装紙	・絵の具（赤・青・黄）・スタンプ台、画用紙・◎エプロン・腕ぬき着用	・クレヨン・ブロッククレヨン	・着色したのり※ビニールを敷いた机の上で、指やてのひらで自由に描く・◎エプロン・腕ぬき着用	・クレヨン・ブロッククレヨン
年少	材料	・新聞紙・包装紙・ダンボール（切った紙をダンボールに貼るなど）	・画用紙（淡い色の色画用紙）	・画用紙（白）※部屋の中のいろいろな形をスタンプする	・画用紙（白）	・和紙	・画用紙（いろんな形の色紙や包装紙が貼っているもの）
年少	社会性の発達	・大人と一緒に必要なものを準備し、終わったら元にもどす・手を石けんで洗う		・大人と一緒に石けんで手を洗い、エプロン、腕ぬきをたたんで元に戻す	4月と同じ	・決まった場所で取り組む・終わったらあらかじめのりをとってから手を洗う	・準備、片付けをできる所は自分でしようとする

10月	11月	12月	1月	2月	3月
人の動き （版画）	体験画 （芋掘り）	お話を絵にする	体験画 （家族と過ごしたこと）	紙版画 （オニ）	想像画 （保育園で遊んだこと）
・のりセット ・はさみ ・ローラーセット 　［ローラー、皿］ ・絵の具（青・黒）	・のりセット ・クレヨン	※「エルマーのぼうけん」他2冊を読んだ後 ・クレパス ・絵の具セット ・固形絵の具	・絵の具セット ・クレパス	・紙版画セット	※今まで体験したことを元に道具を選んで行う
・和紙 ・厚紙（○△□などのいろいろな形） ・画用紙（白）	・和紙（染めたもの） ・画用紙（白）	・画用紙（白）	・画用紙（白） ・うすい色の画用紙	・和紙	・画用紙（白） ・絵の具セット ・クレヨン ・コンテ
・ローラーの扱い方や片付けを大人と一緒に行い、自分でやるようになる	4月に同じ			・準備、扱い方、片付け方を大人と一緒に行う	4月に同じ
形の組み合わせ （版画）	フロッタージュ （こすり出し）	貼り絵	吹き絵 （冬）	紙版画 （オニ）	自画像 （全身）
年長と同じ	・コンテ	・落ち葉数種 ・ボンド・わりばし ・画用紙（いろいろな色、形） ・クレヨン	・絵の具（白） ・切り吹きに入れる ・クレヨン ・ハサミ ・のりセット	・紙版画セット	・クレヨン（黒・青・茶のうち1色）
年長と同じ	※落ち葉を画用紙にいろいろな形に貼りつけておく ・薄手の紙 ・セロテープ	・画用紙 ・落ち葉 ・ボンド ・わりばし	・画用紙（紺） ※絵の具を吹きつけた後、自分で描いた絵を貼って仕上げる	・和紙	・細長く切った画用紙（白）
年長と同じ	・コンテの使い方を知り、必要な道具を準備をして、使い終わったら元にもどせる	・ボンドの使い方と後始末を知り、自分で準備し片付けできるものはする	・自分でできる準備は自分でする	年長と同じ	
貼り絵①	フロッタージュ （こすり出し）	貼り絵② （自然物を使って）	流し絵	貼り絵③ （オニ）	自画像 （顔）
・のりセット ・はさみ	年中と同じ ◎腕ぬき着用	年中と同じ	・絵の具（赤・青・黄） ・筆（太） ・絵の具皿 ◎エプロン・腕ぬき着用	・のりセット ・はさみ	・クレヨン（黒・青・茶のうち1色） ・ブロッククレヨン ・コンテ
・○△□など、いろいろな形に切った色紙または形をかいた色紙 ・画用紙（白）	年中と同じ	年中と同じ	・画用紙 ※筆に含ませた絵の具を画用紙に落とす	・画用紙 ・いろいろな形・大きさに切った色紙	・いろいろな色・形の画用紙

遊び年間計画例 ⑤ わらべうた

①鬼きめ ②しぐさ ③役交代 ④へりふえる ⑤隊伍を組んで ⑥鑑賞曲

		4月	5月	6月	7月	8月	9月
年長	①	イチニノ	オエビスダイコク	いなかのおじさん	いっちくたっちく	いっちくたっちく	じょうりきじょうりき
	②	いちばち	ウチノウラノ おてらのおしょうさん	やなぎのしたには	あんまんだぶり	オヒサンオヒサン	おらうちの イモニメガデテ
	③	チューリップシャーリップ ずくぼんじょ よもぎじょうぶの	こいのたきのぼり おちゃつみちゃつみ ひばりひばり	あめこんこんふるなよ キャーロノメダマニ てるてるぼうず	おおなみこなみ ほ・ほ・ほたるこい こんこんちきちき	なみなみわんちゃくり ゆすらんかすらん すいかばたけに	おつきさんこんばんわ 十五夜おつきさんな チンチロリン
	④	カラスカズノコ	たんすながもち	びっきどの	たなばたの	ほおずきばあさん	オツキサマグルハ
	⑤	オテントサン	ひらいたひらいた	でんでんむし	たんじたんじ	うちのせんだんのき	いちわのからすが
	⑥	ひとやまこえて コドモノケンカニ(手遊び) はるだよ	とんとんとん れんげつもか おとうさんやおかあさんや	いらんならおけ げろげろがっせん ほ・ほ・ほたるこい	いっちょうもどりばし なつだよ・やしょうめ ささにたんざく	あみまよ ゆうなのき なつだあそぼう	あっとうめたり おつきさん(ほしゃほしゃ) ぶどうのはたけに
	ねらい	鼓動 / 大小 / 早いゆっくり	リズム / 鼓動 / 鼓動 / 高低	音色 / リズム / リズム / 内的聴感	鼓動 / 大小 / リズム / 高低	音色 / 内的聴感 / リズム / 鼓動	早いゆっくり / リズム / 内的聴感 / 鼓動
年中	①	どっちどっち →		いなかのおじさん →		イッポデッポ →	
	②	いちばち ぶーぶーぶー	いまないた なべなべ	あんまんだぶり ももや	ギッコンバッコン しゃんしゃんしゃん	オフネガ なべなべ	カッテコカッテコ おらうちの
	③	ずくぼんじょ チューリップシャーリップ もぐらどんの	おちゃをのみに ウチノウラノ ナカノナカノ	てるてるぼうず あめこんこんふるなよ とんびとんび	こんこんちきちき ほたるこい いしのなかの	ねすごした どうどうめぐり キツネヲクッタラ	チンチロリン コーモリコイ
	④				いっせんどうか	こんこんさん	カラスノカズノコ
	⑤	さるのこしかけ このこどのこ	いっぴきちゅう どうどうめぐり	でんでんむし こんこんちきちき	オテントサン でんでんむし	かわのなかの (みんないそいで)	このこどのこ どうどうめぐり
	⑥	ひとやまこえて うのじうっさいこく	とんとんとん すずめすずめ かえるがなくから	あめがじゃんじゃん あめこんこん おけのわの	たなばたの あみまよ ほ・ほ・ほたるこい	ゆうなのき えんやらもものき せんぞうや	うちのうらのみけねこが あっとうめたり 十五夜のおつきさんな
	ねらい	鼓動 / 鼓動 / 内的聴感	大小 / 鼓動 / リズム / 鼓動	音色 / 内的聴感 / 大小 / 鼓動	早いゆっくり / 鼓動 / 清潔 / 大小	リズム / 清潔 / 鼓動 / 内的聴感	音色 / リズム / 大小 / 内的聴感
年少	①	ドノコガヨイコ →			イッポデッポ →		
	②	ぶーぶーぶー たけんこがはえた	いちばち ととけっこー	ウチノウラノ なべなべ	ももや ギッコンバッコン	ぶーぶーぶー オフネガ	しゃんしゃんしゃん ムギツキ
	③	ずくぼんじょ エエズゴーゴー	たんぽぽ エエズゴーゴー	ゆうびんはいたつ もぐらどんの	いしのなかの ゆうびんはいたつ	ねすごした いしのなかの	ウチノウラノ キツネヲクッタラ
	④						
	⑤					いっぴきちゅー	なべぁおおきぐなれ
	⑥	あったわんくわとう ひとやまこえて	とんとんとん うのじうっさいこく	あめがじゃんじゃん かえるがなくから	ふゆべまー かごかご	ゆうなのき えんやらもものき	うちのうらのみけねこが あっとうさんな、こおろぎ
	ねらい	鼓動 / 鼓動 / 鼓動	鼓動 / 大小 / 鼓動	音色 / 鼓動 / 大小 / 鼓動	リズム / 鼓動	大小 / 鼓動 / 清潔 / 鼓動	清潔 / 大小 / 鼓動 / リズム

10月	11月	12月	1月	2月	3月
クリノキバヤシ ばかかばまぬけ	いものにたの しゃんしゃん	じょうりきじょうりき カッテコカッテコ	ぜんじゃらぼうじゃら ウチノウラノ たこたこあがれ	しおせんべい オニサノルスニ ハヤハヤチリチリ	イップクデップク ナカナカホイ
やまのやまの ぼうさんぼうさん ひとまねこまね	ここのごもん ねこがごふくやに もどろうもどろう	ゆきこんこん ゆきこんこん あぶくたった	イノコ ひふみよ ねこがごふくやに	あずきあずき おてぶしてぶし オニサノルスニ	うぐいすのたにわたり いもむしこむし たけのこめだした
カラスノカズノコ じゃんこう	にわとりいっぱ たまりやたまりや	いっせんどうか ツルツル	たんすながもち かりかりわたれ おん正々	にわとりいっぱ いちわのからすが	ふるさともとめて じゃんこう
くるみの木 あきのきりが あきだよ	げっくりかっくり うちのうらのみけねこが ヨイサッサ	でんでりりゅば ゆきふるしろい こきりこ	ふゆだよ オモヤノモチツキ お正月ええもんだ	ひとつひよこが ゆきやころ まめっちょ・おてぶし	からすからす うめとさかうらと はるくれば
清潔／リズム／高低	大小／内的聴感／リズム／早いゆっくり	清潔／鼓動とリズム／内的聴感	大小／鼓動とリズム／清潔	高低／早いゆっくり／内的聴感／大小	音色／鼓動とリズム／内的聴感
いものにたの →→→→→→→→→→→→→→→→→→→→ オエビスダイコク →→→→→→→→→→→→→→→→→ たいこんかぶらの →→→→→→→→→→→→→→→→→→→→→→					
くまさんくまさん ムギツキ ウチノウラノ どんどんばし	ウチノウラノ しゃんしゃん やまとのやまとの ひとまねこまね コウモリコイ	ぶーぶーぶー ととけっこー ゆうびんはいたつ ねこがごふくやに	たこたこあがれ うえからしたから オニサノルスニ ゆうびんはいたつ とんびとんびわをあわせ	デキモンカチカチ たこたこ ねこがごふくやに オニサノルスニ なべなべ	いちばち ずくぼんじょ ひとまねこまね どんどんばし チューリップシャーリップ
いっせんどうか オテントサン いっぴきちゅー	こんこんさん なべなべ どうどうめぐり	カラスノカズノコ オテントサン いっぴきちゅー	うぐいすのたにわたり かりかりわたれ	カラスノカズノコ どうどうめぐり かりかりわたれ	うぐいすのたにわたり オテントサン
こめこめこめやの ぼうさんぼうさん うちのうらのみけねこが	ヨイサッサ いっちのなかの	おおさむこさむ ゆきふるしろい ぎんのそりはしる	お正月ええもんだ かたゆきかんこ じっちゃこばっちゃこ	まめっちょ おてぶし じじの、ばばの	ひとりきな いちもんめの でんでりゃりゅば
早いゆっくり／大小／鼓動／音色	鼓動／早いゆっくり／清潔／内的聴感	リズム／鼓動／清潔	清潔／リズム／大小	早いゆっくり／大小／音色／内的聴感	リズム／大小／早いゆっくり／内的聴感
せんべせんべ →→→→→→→→→→→→→→→→→→→→→→→→→→→→→→→ どっちどっち →→→→→→→→→→→→→→→→→→→→→→→→→→→→→→→→→→→→→→→					
ウチノウラノ しゃんしゃん ねすごした どうどうめぐり	ドッチンカッチン なべなべ どうどうめぐり なきむしけむし	せっくんぼ オヒサンオヒサン ゆうびんはいたつ キツネヲクッタラ	たこたこあがれ ななくさなずな オニヌケマヌケ ゆうびんはいたつ	オヒサンオヒサン せつくんぼ どうどうめぐり オニヌケマヌケ	このこどこのこ たけんこが やまとのやまとの キツネヲクッタラ
こんこんさん	いっぴきちゅう	なべぁおおきぐなれ	こんこんさん	いっぴきちゅう	こんこんさん
じょうりげんじょ あみまよ	ヨイサッサ ひとりきな	ゆきふるしろい おおさむこさむ	ななくさな お正月ええもんだ	まめっちょ すずめすずめ	いちもんめの うさぎはしる
鼓動／清潔／音色／大小	鼓動／リズム／鼓動／清潔	リズム／大小／鼓動	鼓動／内的聴感／大小	清潔／リズム／鼓動／音色	大小／清潔／鼓動／内的聴感／リズム

第4部 子どもが主体的に遊ぶための保育者の援助

生活の流れをつくる日課
— 子どもに見通しがつくように

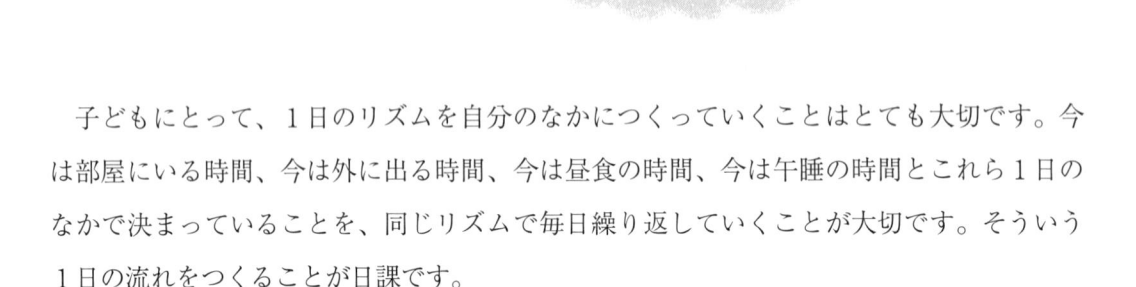

　子どもにとって、1日のリズムを自分のなかにつくっていくことはとても大切です。今は部屋にいる時間、今は外に出る時間、今は昼食の時間、今は午睡の時間とこれら1日のなかで決まっていることを、同じリズムで毎日繰り返していくことが大切です。そういう1日の流れをつくることが日課です。

　1日の生活の流れをつくると、クラス全体の生活リズムができ、そして個々の子どものなかに、どのくらい遊んだら外に行く、どのくらい道具が散らかっていれば後片付けの時間がかかるという時間感覚が育っていきます。時間を量として理解できるようになるのです。

　また、1日の流れのなかで順番を待つということから流れをつかんでいくこともあります。乳児期の頃には、誰々ちゃんの後に私がご飯を食べるということがわかっていっています。これは、保育者の動きを見て、時間の流れをつかむということにもつながっています。幼児期には保育者がある動きをし始めたら、それを見て子どもはそろそろ外に行く時間だなと察知するようになっていきます。日課には、時間のリズムだけでなく、保育者の動きもそのリズムに合わせて行うという意味も込められています。

　園の1日の生活は、子どもの生活そのものを主体として組み立てられ、それが連続して統一のある1日となっていることが大切です。言いかえれば、活動と休息、緊張と弛緩、動と静、室内と戸外などのバランス、調和を保ちながら、毎日同じことを繰り返すことが大切なのです。

　もし園に毎日通うなかで、生活の流れがその日その日で変わってしまったらどうなるでしょうか。「今日は外に行きましょう」「今日は部屋の中のなかでこれをみんなでつくりまし

ょう」と保育者が決めることに合わせて行動していくことになり、行為に対して受身になってしまうのはもちろん、本来、自分の体に流れているはずの時間に対しても受身になってしまい、主体的な活動につながってはいきません。

　子どもにとっては、毎日を繰り返すことで、園での1日の見通しがついていきます。同じリズムで遊びと生活が繰り返されることで、あとどれぐらい遊べば外に行く時間になるのだろうと自分で時間の量を計ることができるようになります。この見通しがそれぞれの子どもたちについてしまえば、外に行く時間になっても部屋が道具で散らかりっぱなしということはありません。ちゃんと自分たちで時間を計り、遊びを選んでいくようになるのです。受身の時間感覚のままでは、「じゃあ外に行きましょう」と言われない限り、片付けようという気持ちにはなりません。

　子どもが主体的に遊ぶためには、こういった基本的な生活のリズムや、見通しをもっていることが前提となってきます。1日の流れが決まっていることを子どもが知って、その生活様式を身につけていることが大事なのです。子ども自身に自分をコントロールする力がつき、やがてそれは自発的な秩序性にもつながっていくのです。

●子どもの待つ時間を減らす

　同じ日課でも、子ども自身の主体性にまかせて幅をもたせた日課と、きっちりと分けていく日課といろいろあると思います。これは、子どもたちの自立を保育者がどのように考えているかによって変わってきます。

　戸外遊びの前に、全員でトイレに行く時間を設けたりすれば、どうしてもトイレの前に子どもが群がって、子どもが無駄に待つ時間ができてしまいます。幼児期の子どもであれば、トイレには行きたいときに担任の先生に伝えて自分で行けるようになることが大切です。そして個々にトイレに行けるのであれば、トイレの時間を別に設けることもしなくてもすみますから、その分、子どもの待つ時間は減っていきます。外に行くときにも、ある時間がきたら「みんな片付けましょう」というのではなく、子どもが個々に幅をもって片付けていくようにする配慮が大切です。

　毎日の繰り返しを通じて、自発的な秩序感を子どもがもつことができれば、日課の項目も細部にまでわたって決める必要はありませんし、子どもたちもそれぞれの動きが区切られていると感じるのではなく、1日の生活の流れとして受けとめられるようになっていきます。

A組（年少児：11名、年中児：10名、年長児：4名　計25名）のある1日の流れ

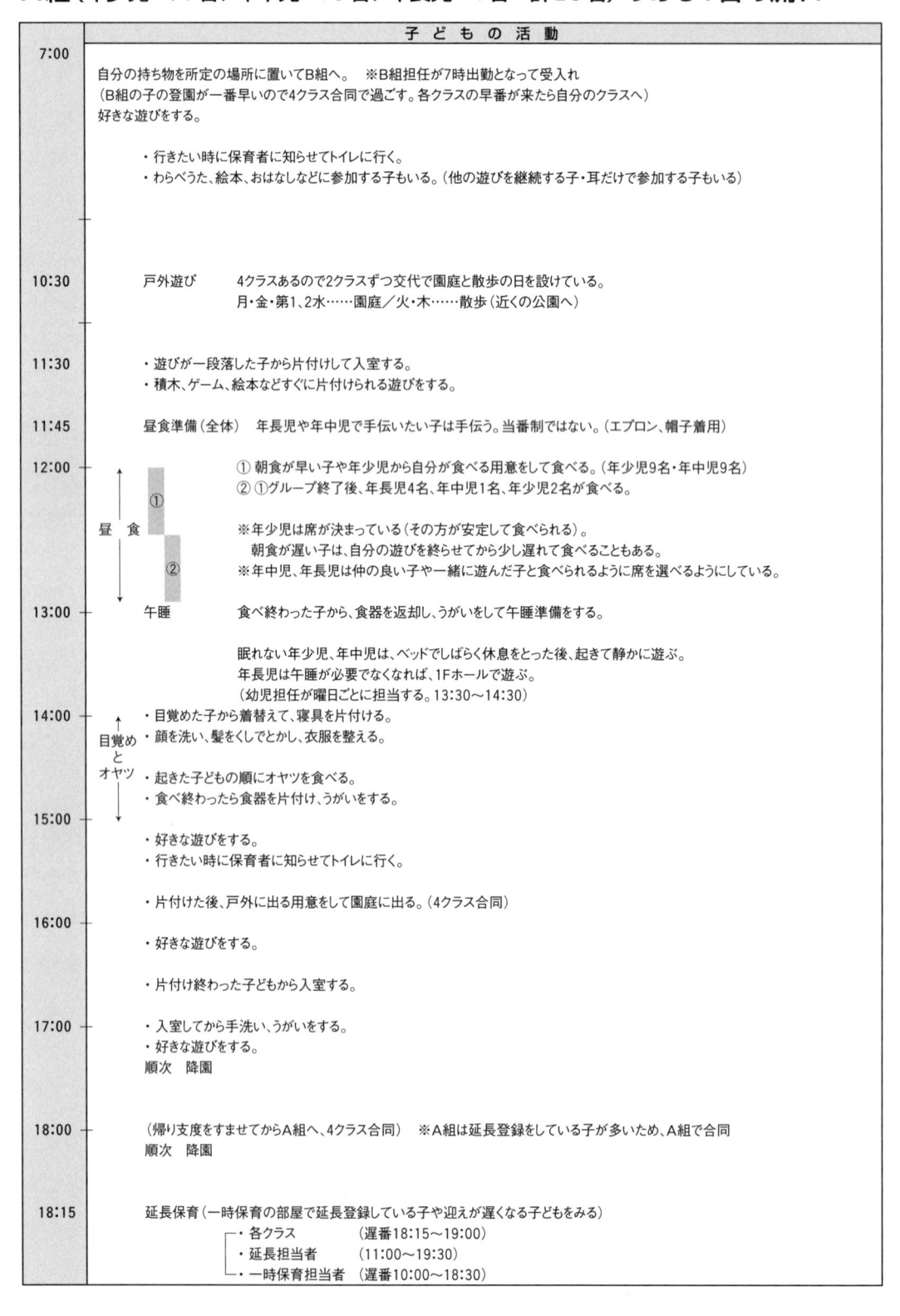

時間	子どもの活動
7:00	自分の持ち物を所定の場所に置いてB組へ。　※B組担任が7時出勤となって受入れ （B組の子の登園が一番早いので4クラス合同で過ごす。各クラスの早番が来たら自分のクラスへ） 好きな遊びをする。 ・行きたい時に保育者に知らせてトイレに行く。 ・わらべうた、絵本、おはなしなどに参加する子もいる。（他の遊びを継続する子・耳だけで参加する子もいる）
10:30	戸外遊び　　4クラスあるので2クラスずつ交代で園庭と散歩の日を設けている。 　　　　　　月・金・第1、2水……園庭／火・木……散歩（近くの公園へ）
11:30	・遊びが一段落した子から片付けして入室する。 ・積木、ゲーム、絵本などすぐに片付けられる遊びをする。
11:45	昼食準備（全体）　年長児や年中児で手伝いたい子は手伝う。当番制ではない。（エプロン、帽子着用）
12:00	昼食　①　① 朝食が早い子や年少児から自分が食べる用意をして食べる。（年少児9名・年中児9名） 　　　②　② ①グループ終了後、年長児4名、年中児1名、年少児2名が食べる。 ※年少児は席が決まっている（その方が安定して食べられる）。 　朝食が遅い子は、自分の遊びを終らせてから少し遅れて食べることもある。 ※年中児、年長児は仲の良い子や一緒に遊んだ子と食べられるように席を選べるようにしている。
13:00	午睡　食べ終わった子から、食器を返却し、うがいをして午睡準備をする。 眠れない年少児、年中児は、ベッドでしばらく休息をとった後、起きて静かに遊ぶ。 年長児は午睡が必要でなくなれば、1Fホールで遊ぶ。 （幼児担任が曜日ごとに担当する。13:30～14:30）
14:00	目覚めとオヤツ ・目覚めた子から着替えて、寝具を片付ける。 ・顔を洗い、髪をくしでとかし、衣服を整える。 ・起きた子どもの順にオヤツを食べる。 ・食べ終わったら食器を片付け、うがいをする。
15:00	・好きな遊びをする。 ・行きたい時に保育者に知らせてトイレに行く。 ・片付けた後、戸外に出る用意をして園庭に出る。（4クラス合同）
16:00	・好きな遊びをする。 ・片付け終わった子どもから入室する。
17:00	・入室してから手洗い、うがいをする。 ・好きな遊びをする。 順次　降園
18:00	（帰り支度をすませてからA組へ、4クラス合同）　※A組は延長登録をしている子が多いため、A組で合同 順次　降園
18:15	延長保育（一時保育の部屋で延長登録している子や迎えが遅くなる子どもをみる） 　┌・各クラス　　　　　（遅番18:15～19:00） 　├・延長担当者　　　　（11:00～19:30） 　└・一時保育担当者　　（遅番10:00～18:30）

保育者A（7:30～15:30）早番	保育者B（9:45～18:15）遅番	保育者C（9:45～16:00）※障害児担当
7:30　出勤 ・換気、棚拭きなど受け入れ準備。 ・B組へ早く登園した子どもを迎えに行く。 ・受入れ。 ・必要な子の排泄、手洗いをみる。 ・戸外に出る準備ができた子と一緒に 　外へ出る。（散歩の時は所定の場所で待つ） ・遊びをみる。 ・片付けを促す。 11:30　入室（手洗い、うがいをみる） ・昼食準備 　（年長児や年中児の手伝いたい子と） ・食事・うがいをみる。 ・年長児、年中児のやりたい子と一緒に 　ベッドを敷く。 ・片付けをする。 ・午睡をみる、連絡帳記入 ・トイレ掃除（火・木・土） 13:30　休憩 14:30　・オヤツ準備 ・オヤツをみる。 ・ベッドの片付けをする。 ・オヤツの片付けをする。 ・必要な子の排泄・手洗いをみる。 ・保育室掃除 16:00　退勤	9:45　出勤 ・出欠を確認し、 　給食人数を伝達する。 ・必要な子の排泄、手洗いをみる。 ・片付けを促す。 ・全員の子どもが外に出たことを 　確認してから出る。 ・遊びをみる。 ・片付けを促し、残りの子と入室。 ・手洗い、うがいをみる。 12:30　休憩 13:30　・連絡帳記入 ・トイレ掃除（月・水・金） 14:00　・カーテンを開ける。 ・必要のある子の身支度を助ける。 ・遊びをみる。 ・片付けを促す。 ・遊びをみる。 ・迎えが来た子から引き渡す。 ・片付けて入室 17:00　入室、手洗い、うがいをみる。 ・遊びをみながら片付ける。 棚拭き戸閉まり、ゴミ捨て、タオル交換、 コップ・カゴ消毒、電気・冷暖房スイッチ OFF、安全点検 ・他クラスの子どもの引き継ぎを 　してから受け入れる。 ・絵本を読む　など 　（荷物をまとめて一時保育室へ） 18:15　退勤	9:45　出勤 ・子どもの自立に伴い、言語指 　導、機能訓練の時間のみ直接 　関わっている（子ども1人あたり 　約1時間程度）。 ・他の子どもとコミュニケーション 　をとれるように、必要な時間以 　外はクラスを出る。 11:45 ・言語訓練、機能訓練など 12:15　休憩 13:00 16:00　退勤

異年齢混合保育と年齢別保育

　子どもが主体的に遊べる環境づくりについて、いろいろな質問を受けることがありますが、そのなかに、「年齢混合の縦割保育のほうが年齢別の横割保育よりも良いのでしょうか？」というものがあります。しかし、私はこの質問には、いつも「園によって状況がちがうので、一概には言えないと思います」と答えています。現在、私が園長をしているやまぼうし保育園では、年齢混合の縦割りの保育を行っていますし、本書でいくつか紹介している遊びの例についても縦割保育でのケースがたくさん含まれています。けれども、そのことの区分けはあえてしないようにして紹介いたしました。

　子どもの主体性、自発的な遊びの発展ということを考えたとき、確かに縦割保育のほうが適していることはあると思います。私自身、そう思って縦割保育に切り替えてみて、実際にそのように感じることもあります。朝、園に来て子どもが好きな遊びをするという環境を整えているわけですから、小さい子どもが、高い水準の遊びを行う大きい子どもを見ながら生活することで、子どもが発達、成長するのが早いといわれたりもします。大きい子に助けてもらった経験から、自分が大きくなったときに、小さい子どもへ同じようにしてくれるのもわかります。日課のなかでも、大きい子どもが小さい子どもを助けたりしてくれます。こういった成長の流れのなかに身をおいていることで、3年間の見通しというものが持てるようにもなると思います。

　クラスにいろいろな発達段階の子どもがいるということは、たとえ発達が遅れている子どもでも落ちこぼれの感覚をもつことはありません。いろいろなちがいがあるということもわかっていきますし、遊びもいろいろちがって良いということがわかっていくと思いま

す。たとえば、障害者の子どもが1人クラスに入ったとしても、発達がすすんでいない小さい子どもたちもいるわけですから、劣等感をおぼえることもなく、みんなと同じように遊びに参加することができます。そして、普段小さい子どもを助け慣れている大きい子どもにとっては、同じ年齢であっても発達が遅れていたりする障害者の子どもに対しても、なんら違和感なく一緒に遊んでいくことができると思います。

　それに対して、横割保育の場合、年齢という区分けで見るというイメージがあるので、保育者が子どもを一つのまとまりであつかう傾向にあります。同じ能力の子どもを揃えることによって、いろいろな計画が立てやすいし、何かを教えたり、訓練するということについては縦割よりも効率はいいでしょう。これまでは教育の「育」の部分よりも「教」が主だったせいもあって、基本的な発想が横割だったのかもしれません。そういったこれまでの発想の横割では、子どもが自分で遊んでいくという環境を考えたときには、うまく合わないかもしれません。ですから保育者にとってはやりやすいでしょうが、子どもにとっては遊びにくいというイメージがついてしまうのだと思います。

　このように言ってしまうと、縦割保育のほうが良いのではと感じてしまいますが、かといって、ただ縦割保育にするのがいいかというと、私はそうではないと思っています。

　横割の保育を行うときに、年齢という区分けに保育者がとらわれてしまっているだけで、幼児期は本来、かなり個人差があるものです。同じ5歳でも、7歳ぐらいの遊びをする子どもや3歳ぐらいの遊びをする子どもなどさまざまです。そんな状況で、5歳というひとまとめの計画だけに頼ってしまうことが問題なのだと思います。縦割だと、3、4、5歳ですから保育者は三つのことを考えなくてはいけません。でも5歳だけだったら一つですむ、楽になるという発想です。

　しかし、実際の子どもの中身をみれば同じ年齢であっても幅があるものです。もし保育者が、この個人の差に対してしっかりと配慮できるようになればまったく問題はないと思います。年齢別でもクラスのなかには、イニシアチブを取る子どもはいます。縦割でも年中の子どもがイニシアチブを取る場合もあります。つまり、縦割保育においても、保育者がこれまでと同じように個々の子どもを見ずに、年齢などにこだわってしまえば結局同じ問題が出てきてしまいます。逆をいえば年齢別においても、個々の子どもへの配慮が行えるのであれば、子どもが主体的に遊べる環境づくりという考えのなかではまったく支障がないということです。

　不用意に実験として導入する縦割保育こそ、子どもにとってはいい迷惑となる可能性があ

ります。成長、発達がバラバラの子どもが一つのクラスにいて、すべての子どもがきちんと援助されるには、質の高い保育が求められるからです。保育者が発達に応じた遊びについて十分に理解していないと、大きい子どもの発展するはずの遊びも止まってしまったり、逆に小さい子どもにとっては負担となる遊びが組織されていくことになってしまいます。

　全国には年齢別の子どもの数が合わないために縦割保育を行っている園もたくさんあります。でも縦割の良い部分を意識せず、これまでの横割と同じような感覚でやってしまっているところもなかにはあります。そのような園は、保育者が縦割の意味とねらいを理解して、十分な研修を重ねて取り組んでいるところに比べて、やはり差が出てしまいます。

　子どもの遊びへの理解が深く、発想も豊かで、本当の子どもの主体性ということをわかっている保育者がいれば、横割保育であっても、子どもたちは何も不自由を感じることなくのびのびと遊んでくれるはずです。つまり、縦割がいいとか横割がいいとかいうことではないのです。園の行事の数、子どもたちの発表会の数、地域性のちがい、さまざまな条件がからんでいます。これらすべてを見た上で、自分たちの保育園はどちらがいいのかを十分に考えなくてはいけません。いろいろなことを含めて、子どもにとって一番幸せな形が、その園にとっての最良の体制になるのです。

　横割だったものを縦割に変えるというのは、その切り替え時にいる子どもにとっては大きな負担になりますし、保護者の理解を得るのも大変です。私の園で縦割保育をやっているのも、新しく園を立ち上げるということで最初から縦割保育が導入できたことが大きいのです。

　経験的に縦割保育によって子どもの育つものは大きいと感じますが、「主体的に遊べる環境づくり」とは、システムの問題のことではありませんし、道具や空間だけの問題でもありません。一番重要なのは保育者の力なのだと思っています。

　個々の子どもを見つめて、それに見合った援助をするという意味では、どんなシステムにおいても同じことだと思います。

保育者が悩む子どもたち

　遊びの環境を整えても、保育者が思い描く通りになってくれないのが保育の難しさです。保育者にとって、必ずクラスには1人か2人は「どうしてあげればいいのだろう」と悩んでしまう子どもがいると思います。他の園にお邪魔する際にも、相談を受けることがよくあります。子どもの生育に問題があるのか、保育者の対応がよくないのか、友だちとの関係がよくないのか、その原因はさまざまで、ほとんどはすぐに解決できるような問題ではありません。園だけの対応では限界があったり、じっくりと気長にそして的確に対応していかないと解決しないような事例がほとんどです。ただ、いろいろとお話を聞いていると、ある程度同じような悩みをみなさんが抱えているということがわかります。それらにはどんなものがあるでしょうか。二つの実践例と併せて以下にまとめました。

① 攻撃性の強い子ども

事例（1）……6歳児男
- 遊んでいる仲間と意見が合わずトラブルになるとカッとなり、殴ったり蹴ったりする
- 保育者が止めると泣きわめきながら相手に向かっていく

事例（2）……4歳児男
- 自分がつくったものが見当たらないと、友だちがこわしたと泣きわめいたり、ゲーム

のルールを受け入れることが少ない
- 喧嘩に負けると泣いて相手に手をあげたり砂をかけたりすることが多い

事例（3）……4歳児男
- 自分の思いが聞きいれられないとカッとなって叩いたり、ずっと泣きわめいたり物を投げつけたりする
- 感情が静まるのに時間がかかる

事例（4）……5歳児女
- 自分の思い通りにいかないと他の子どもを仲間外れにする

事例（5）……6歳児女
- 仲良し3人グループとしか遊ばず、他の子どもを一切受け入れない
- 保育者との集団遊びに参加しない（グループ〈3人〉で見ている）

　同じ攻撃性でも、男児は実際に叩いたり、蹴ったりと行動に出ますが、女児は言葉での攻撃が多いように思います。

　攻撃性の強い子どもについては、その原因はいくつかありますが、愛情の欠如によって家庭生活のなかで受けた心の傷が原因であるといわれています。両親から粗野な扱いをされる、叩かれるなどされたり、また親からの規制が多く、成長のなかで求められる自立が少ないことが原因の場合もあります。また、家族の衝突、両親の離婚、新しいお父さんやお母さんとの葛藤、新しい兄弟との葛藤などから生じるともいわれています。

　子どもの攻撃性は、抑えようとしてもおさまるものではありません。園と家庭でともにじっくりと愛情を注いでいくことが大切なのですが、日常のなかで、攻撃性が形となって表れる前の保育者の対処も必要です。子どもの感情が最高潮に達してしまうと、本人がおさめたくてもおさまらなくなり、おさまったとしてもすぐにまた他の子どもを攻撃したりしてしまいます。つまり、感情が高まりすぎて、自分自身でコントロールができなくなってしまうのです。このように感情がピークに達する前に保育者が早く仲介することが大切です。また、普段から攻撃性を遊びのなかで発散できるようにしてあげるとよいかもしれません。落ち着いた遊びよりも、輪投げ、的当てなど、遊びのなかの何かに気持ちを向けられるようにしたり、人形劇などの悪役（あかずきんちゃんのオオカミ役など）を演じてもらうことも良いかもしれません。

② 消極的な子どもの場合

事例（1）……6歳児男
- いろいろな事に対して意欲がない
- 友だちの遊びをまわりで見て、意見を言うが行動はしない
- 自分の気持ちを出しにくく、だまってしまう
- 絵を自分から描くことがない

事例（2）……4歳児女
- 積木1個を持ってだまって何時間も座っている
- 友だちの遊びを見ているようでボーッとしている
- いつも1人で友だちのそばに近よらない

　保育園で消極的な子どもには、親から「こうしなさい」「それはダメよ」と規制を受けている子どもが多いといわれています。自分のことに関しても、自分で動いて行うのではなく、母親などがほとんど動いてしまうことが多いため、自分でやる、自分でやりたいという気持ちをもつ自由がなかったりするのです。子どもの自発性を大切にした育児をすれば、生活面、遊び面など意欲的に取り組むことができるのですが、逆に、自発性を奪われてしまったために物事への意欲をもたずに成長してきているのです。遊びなどに対する意欲については、保育者が根気よく遊び方、道具の使い方を実際に示してあげたり、時には教えてあげることが必要です。

　また、こういった子どもは、人間関係にも同じく消極的で、1人でいることが多くなりがちです。この子どもにとっての仲間を探してあげることも大切です。友だちができることによって、子ども同士で自然に相手を受け入れやすくなります。

　自分に自信がもてなくて積極的に動けないという子どももいます。その子どもの良いところをうんとほめてあげてください。また園での対応だけでなく、お母さんにもその子どもをほめるように伝えてあげてください。「ほめる」というのは忍耐が必要です。継続的に、時間をかけて「ほめる」言葉をかけてあげることで、その子どもが一つひとつできたことに自信がもてるようにしなくてはなりません。

③ 落ち着きのない子どもの場合

事例（1）……6歳児男

・注目することができない

・持続するこが困難

・友だちのなかに入って役を引き受けることができない

・保育者の話を聞けない

事例（2）……5歳児男

・注目することができない

・友だちの遊びを邪魔する

事例（3）……4歳児男

・室内にいることより戸外にすぐ出たがる

事例（4）……3歳児男

・友だちのつくったものをこわしてまわる

・遊びが見つからない

・言葉が遅れている

　落ち着いて遊べない子ども、友だちの遊びを邪魔する子どもが年々増えているようです。保育者からそういったことをよく聞くようになってきました。自分自身を抑制する力が未発達な状態で、まわりの物音や声が気になり、落ち着かないようです。私の経験では、テレビやビデオを観ている時間が長い子どもに多いように思います。こういった子どもは、人数の多いクラスではなおさら落ち着くことができないので、少人数のクラスで保育者がよくみてあげる必要があります。時間がわずかでも空くのであれば、その子どものために使ってあげるのがよいと思います。

　こういった子どもは、スピード感のある遊びや、砂や水をとりいれた遊びなどでは、ある程度集中して遊びを持続できるようです。

④ 遊具を持って帰る子どもの場合

事例（1）……6歳児男

・友だちのキーホルダーをだまって取って持ち帰る
・おもちゃを家に持って帰る

　年少児では、気に入った道具を家に持って帰ることはめずらしくないことです。こういった子どもには、クラスのみんなが持って帰ったら、園で遊ぶものがなくなってしまうことをやさしく伝えてあげましょう。泥棒扱いしたり、責めたりするのではなく、まわりの友だちが遊べなくて困ってしまうことを説明することが大切です。その道具をどうしても気に入っているのなら、朝一番に使えるように別のところへ置いておくようにし、そのことを子どもに伝えてあげるようにします。

　しかし、年長児ともなれば少し深刻に考える必要があります。お父さんお母さんにも、叱るのではなく、なぜ持って帰ってはいけないのかを説明するようにすすめてあげてください。また、次の日に持ってくることを保育者と約束して、家に持って帰ることを許すのであれば、だまって持ち帰るという習慣にはつながらないと思います。

A：5歳児（年長男児、3人姉弟の2番目、3歳で入園）

【子どもの様子】

年少時

・母親と離れることに強い不安を示す。

・慣れてくると担任の言うことを聞かず、部屋を抜け出しホールのなかを走りまわる。

・偏食が強く、野菜をほとんど食べない。

年中時

・担任が2人になり、とくに新任の保育者をからかう、悪態をつく、言うことを聞かない。

・自分で言うことを力ずくできかせ、手加減なしで暴力をふるう。

年長時

・担任が変わったことで母親自身の不安が強い。

・大人に対して、茶化す、悪態をつく。

・年少児は自分の遊びを邪魔する者と見なして、おどす、威圧する。時には暴力で仕返すなど、自分の弟に対しても手加減をしない。

【観点】

① 仲間関係

・力関係で弱い、同い年の特定の男児と関わりを持つ。思い通りにならなかったり悪ふざけが行き過ぎても、言葉・行動ともに威圧的・暴力的な態度で関わろうとする。

・他児はAに対して一目置き、一挙一動を気にしている。

・自分がしたいこと、してほしいことをストレートに伝えられず、ふざけることで照れをかくす。

② 家族

・母親の前だとわざと走りまわる。ロッカーの上によじのぼるなど母親の注目をひこうとする。注意されてもまったく聞かず、ふざける行為がひどくなる。

【対処】

5月頃

①母親に参観で客観的に見てもらう。子どもの様子を細かく伝える。

→自分の子どもを良いように見てほしいという思いからか、連絡帳に子どもの良い所ばかりを記入するようになる。母に変化なし。
②できるだけ良い所、助かったことなどを他児の前でもほめることを意図的にする。
　→ふざけるなどの行為はまだ続くが、大人の話には耳を傾け、遊びに参加するようになる。参加した時はまわりの子よりも自分が一番ということを誇示。他の子が認められることを好まない。

9月頃

③登園してから降園するまで、15分に1回背中や肩などに触れながら「そのアイデアとってもおもしろいね」「よく知っているね」など、肯定的な言葉がけを他児より意識的にしていくようにする。
　→自分から甘えてくるようになり、体験したことなど大人に話しかけたり、遊びにも参加し始める。
　→他児も自分の意志を主張するようになり、今までは力を誇示していたが「どうせ、オレはできないから」など自分を卑下する言葉が聞かれる。

④攻撃性・道化は、自分を認めてもらいたい気持ちの裏返しのAにとって、自己コントロールすることが大きな課題で、我慢する絶好のチャンスをとらえる。
　→卒園式の練習の時、となりの自閉的傾向のある男児にちょっかいをかけられた。その時、Aは両手に握りこぶしをつくり、震えながらまわりの保育者を伺っていた。とうとう我慢できなくなり、片手をあげようとした。その時、「Aちゃんエライね、よく我慢してるね」と声をかけてあげると、そのまま手を下ろし、手を握り締めながら涙ぐんでいた。練習後、「良く我慢したね、かっこよかったよ」と声をかけると、涙を浮かべながら「うん」とうなずいていた。

　その後、卒園式本番の時、また同じようにちょっかいを出された。しかし、今回はぐっと我慢して卒園式を乗り切ることができた。自分をコントロールしたことの経験もあったせいか、卒園式後は、攻撃的なふるまいやふざけるようなこともなく、最後の半月間を過ごし、園を後にした。

B：4歳児（年中女児、2歳11カ月で入園。両親・兄・本人）

【子どもの様子】
- 一人遊びが多い。絵を描く。小さな大工さんなど黙々と続ける。自分でやりたいことを見つける。
- わらべうたなどに積極的に参加。オニになりたいと主張し、それが通らないと泣く。
- 遊びに入れてもらえない時、相手に対して暴言を吐く。

【観点】
① 仲間関係について
- 孤立している。自分の主張を押し通そうとするので、他児に受け入れられない。
- 一人遊びが中心だったが、友だちを求めて関わろうとしている。

② 遊びについて
- いろいろな経験（キャンプや兄との2人旅など）があり、アイデアを持っている。
- 集中力があり、根気よく最後までやり遂げようとする。

③ 母親との関係について
- いつも最新のファッションに身を包み、子どもに対しても同様で、親子で楽しんでいる。
- 母親はBに対しては「厳しく」しつけるタイプで、言うことを聞かないと叩く。また、普段の会話でも子どもを茶化したり、「おまえ」と呼ぶなど暴言を口にする。

【考察】
- 母親から叱責を受けることが多く、なぜ叱られているかよりも母親の感情だけが伝わりそれがストレスとなっている。
- 自分を受け入れてもらいたいと思っているがうまく表現できずに、それが暴言となっている。

【対処】
- 1日のなかで、朝夕など必ず1回はほめてあげるようにした。とくにおしゃれをしてくる子どもだったので、「その髪型かわいいね」「とてもよく似合っているわ」など外見的なことを含めてほめるようにした。根気良く続けていくうちに、半年ほどたってから、

目が合うとニコッと笑顔をみせるようになった。
・肩や背中など体の一部に触れたりという機会を増やした。ぎゅっと抱きしめながら「いつもかわいいね。○○ちゃんのこと大好きよ」といった言葉がけも継続的に行った。
・Bがスムーズに遊びのなかでリーダーシップをとれるように、家での体験、週末での体験など話してくれるときに、しっかりと聞いてその遊びができるような道具を出すように計画を立てていった。Bが遊びに関わるとき、保育者も遊びの役に入り、乱暴な言い方ではなく相手に受け入れられるような言葉を使って、遊びのモデルを示していった。それをくりかえしていくうちに、うまくリーダーシップをとれることもあって、少しずつ遊びにもスムーズに加わり、1人でいることは少なくなった。

　他にもいろいろな悩みを現場の保育者のみなさんはもっていらっしゃるようです。子どもによって、家庭の状況や友だち関係もちがい、すぐに解決する問題ではありません。心の問題、障害の有無、成長の問題などその原因もいろいろとあります。ただ、いろいろな問題もふくめて「そういう子ども」なんだと受け止めてあげることが、保育者の最初の仕事かもしれません。語弊があるかもしれませんが、決してあきらめの意味ではありませんし、ただ放っておくということを言っているのでもありません。いろいろな遊びが許される保育の空間では、いろいろな子どもがいていいはずです。保育者はそれを受け止めてあげる側面と、冷静に対処していく側面とをもって対応しなくてはなりません。もし障害が関係して、言葉が未発達な子どもがいたとしたら、それを保育者が悩んでも仕方がありません。そういう子なんだと認識した上で、じゃあその子どもはどんな遊びが好きなんだろう、どんな遊びならリーダーシップをとることができるんだろうと考えてあげることが大切だと思います。それは家庭の問題、心の問題であっても同様で、保育者は気長にじっくり取り組むことが大切です。

最後に

　これまで保育についてはさまざまなことが叫ばれてきました。そのたびに各現場の保育者のみなさんは、熱心に勉強してきました。私もそのなかの1人で、これまで抱えてきた悩みを、少しでも解決できないかといろいろと見聞きして学んできました。それは自分が楽になろうとして始めたものでしたが、保育という広くて深い世界に圧倒され、勉強すればするほど難しいものだということがわかってきました。保育のプロとしての保育者に求められる専門能力は、それだけ高いのだとつくづく感じています。

　みなさんの現場にはもう1人の私がたくさんいると思います。学んで、実践を深め、それでも多くの悩みを抱えている保育者の方々がたくさんいらっしゃいます。そして、それぞれの地域、園、保育者、子どもの数だけ問題、悩み、課題があることでしょう。と同時に、悩みの数と同じだけ保育の喜びがあると思います。だからこそ、一心に子どものことを考えて研修を重ね、実践を深められているのではないでしょうか。私は、少しでもそのお手伝いができないかと、いろいろな話し合いの場や、他の園を訪れる機会をいただいています。質問、相談を受けたり、実際の子どもの様子を一緒に見たりして、自分の園についての反省も含め、一緒に学んでいます。

　2002年につくった『乳児保育―一人ひとりが大切に育てられるために』という本、そして今回の『幼児保育―子どもが主体的に遊ぶために』は、私の勉強の一つとしてつくりました。二つの本で0～5歳までの育ちの実践例を紹介させていただこうと、いろいろと準備をすすめてきましたが、やはり保育の世界は広くて深く、とてもこの2冊では説明しきれるものではないとあらためて痛感いたしました。とくに今回の幼児期の実践については、その詳細をたどればたどるほど、あれも入れなくてはいけない、これも入れなくてはいけないとなってしまい、入れるべきものの分量は無限にひろがっていきました。しかし、一つのヒントにでもなればと「子どもが主体的に遊ぶために」をキーワードにして、大まかに整理することにしました。この作業を通して、あらためて自分が目指していたものを整理し、再確認することができました。

　これまで、私自身が勉強し、実践を重ねてきたのも、「子どもの自己の確立を保障し、主体的に遊べる子どもを育てる保育を実現するためにはどうしたらいいのか」ということを追い求めるためでした。そこには乳児期からの育ち、幼児期の育ち、そして学校に上がり、大人へと育っていくなかの一本の道のようなものがありました。また、この道と同じように、実

践のなかにも、「子どもの自立、自発性、主体性」と一つにつながったものがあることがわかってきました。「この場合には」「あの場合には」とパターンに応じた解決方法があるのではなく、この一つのことが大切なんだということがわかりました。乳児の段階から一人ひとりの子どもを大切にして育てることが、その子どもの主体性を尊重することにつながるということについては『乳児保育』でも述べている通りですが、乳児期の頃から大切にされなければならないことは、幼児期になってもそのまま続いていきます。今回、紹介させていただいた保育実践で、そのことを少しでもみなさんにお伝えすることができていれば幸いです。

　私は、保育の世界では、この方法が絶対などということはないと思っています。さまざまな保育理論が存在するなかで、どれか一つが絶対であるということはないと思います。国のちがい、地域性のちがい、園のちがい、クラスのちがい、保護者のちがい、建物環境のちがい、自然環境のちがい、幼保のちがいと、形は千差万別です。しかし、このようなちがいがあるなかにおいても、やはり「すべての子どもを大切に育て、それぞれの自己の確立、主体性を保障する」ということは同じだと思っています。これは、いろんな方法や考え方があるにせよ、すべての保育者の願いなのではないでしょうか。

　みなさんのそれぞれの実践状況に合わせて、本書をそのヒントの一つとして役立ててほしいと思います。そのために、これまで積み重ねてきた実践、そして他の園とともに勉強してきた姿のありのままをお見せしました。前回同様に、文章だけでは説明しきれないことを、子どもの活き活きとした表情からくみとってもらえるように心がけました。

　子どもたちは、普段見慣れないカメラがある前でも、そっと遊びを続けてくれました。本当にありがとう。そして、子どもたちの写真掲載を快くご了承くださった保護者の皆様には多大なる感謝を申しあげます。また、網干れんげ保育園、帯広ひまわり幼稚園、久々知おもと保育園、善防保育所、第一仏光保育園、東山保育園、牟礼幼稚園（五十音順）には、写真撮影や遊びの経過づくり、その他いろいろと無理なお願いをいたしました。ご協力くださいましたことを心より感謝しております。資料作成では、滝本美恵子さん、黒河希久代さんをはじめとする園の職員のみなさんにはご迷惑をおかけいたしました。心よりお礼申しあげます。

　一緒に勉強を積み重ねてきた仲間のみなさんのおかげで本にまとめることができました。今後、こういう仲間が増えていくことを願っています。

２００３年３月
やまぼうし保育園園長
吉本和子

【著者紹介】

吉本和子（よしもと・かずこ）

1976年　尼崎市に社会福祉法人おもと保育園設立：園長
1980年　尼崎市に社会福祉法人久々知おもと保育園設立：園長
1999年　宝塚市に社会福祉法人やまぼうし保育園設立：園長
（いずれも0歳～5歳児を対象とした総合園）

乳幼児の発達をふまえた保育の実践に取り組んで、全国各地の保育園や幼稚園で保育指導、保育者や保護者対象の講演活動に忙しい毎日を送る。保育誌『げ・ん・き』に執筆、著書に『乳児保育－一人ひとりが大切に育てられるために』『積木と保育』（エイデル研究所）がある。

【執筆協力】

滝本美恵子（保育士）
黒河希久代（保育士）

【取材協力（50音順）】

網干れんげ保育園（兵庫県姫路市）
帯広ひまわり幼稚園（北海道帯広市）
久々知おもと保育園（兵庫県尼崎市）
善防保育所（兵庫県加西市）
第一仏光保育園（兵庫県揖保郡）
東山保育園（兵庫県姫路市）
牟礼幼稚園（山口県防府市）

・表紙の絵、イラスト
　よしざわけいこ

・デザイン、DTP
　高岡素子

幼児保育－子どもが主体的に遊ぶために

2003年4月1日	初刷発行	著　　　者	吉本和子
2021年7月1日	11刷発行	発　行　者	大塚孝喜
		印刷・製本	中央精版印刷株式会社
		発　行　所	エイデル研究所

102-0073 東京都千代田区九段北4-1-9
TEL03（3234）4641
FAX03（3234）4644

© Yoshimoto Kazuko
Printed in Japan　ISBN978-4-87168-355-9 C3037